Ulrich Müller

# Herzerweiterung

„Wer aber […] im Glauben fortschreitet,
dem wird das Herz weit,
und er läuft in unsagbarem Glück der Liebe
den Weg der Gebote Gottes."

*Regula Benedicti Prol 49 (in Anlehnung an Ps 119,32)*

Ulrich Müller

# Herzerweiterung

für den Jona in mir

EDITION WORTSCHATZ

*Druck und Bindung des vorliegenden Buches erfolgten in Deutschland*

Die Deutsche Bibliothek verzeichnet diese Publikation in der
Deutschen Nationalbibliografie; detaillierte bibliografische
Daten sind im Internet über www.d-nb.de abrufbar

Sofern nicht anders angegeben, wurde bei Zitaten aus der Bibel die
Revidierte Elberfelder Übersetzung 2006 © R. Brockhaus Verlag,
Wuppertal, zitiert (REÜ). Des Weiteren wurde die Gute Nachricht Bibel,
durchgesehene Neuausgabe 2018 © Deutsche Bibelgesellschaft, Stuttgart,
verwendet (GNB).

*Umschlaggestaltung:* spoon design, Olaf Johannson
*Umschlagabbildung:* Tomasz Popek/unsplash.com
*Satz und Herstellung:* Edition Wortschatz

© 2022 Ulrich Müller

Edition Wortschatz, Sauerbruchstraße 16, 27478 Cuxhaven
ISBN 978-3-943362-79-4, Bestell-Nr. 588 979

www.edition-wortschatz.de

EDITION WORTSCHATZ

# Inhalt

# Kernsätze

Gott geht das ziemlich gegen den Strich, wenn sich allzu selbstsichere Gläubige für ihre enge, ausgrenzende und verurteilende Art auf ihn berufen. (S. 30)

Es geht eben nicht darum, wer gewinnt, Gott oder Jona. Es geht darum, dass Gott *Jona* für seine Art, für seine Gnade, seine Weite gewinnen will. Jona soll nicht Gehorsam lernen, sondern Liebe! (S. 54)

Der „Christus in mir" kämpft gegen den „Jona in mir"! (S. 72)

Unsere Herzen dehnen sich aus, gewöhnen sich an Gottes Gnade und Weite, wenn Gottes Herzensanliegen in uns Raum gewinnen. (S. 104)

Keine offenen Fragen mehr zu haben, das kann das Leben scheinbar sehr einfach machen, das kann einem ein Gefühl der Sicherheit geben. Das Buch Jona zeigt aber: Das kann eine trügerische Sicherheit sein. (S. 109)

Jona will in allem mathematische Klarheit ohne Interpretationsspielraum haben, sehnt den Tag der Abrechnung herbei. Und Gott bringt ihm subtil erst einmal die Grundrechenarten neu bei, zeigt ihm: Liebe zu teilen bedeutet multiplizieren, nicht dividieren. (S. 127)

Jona geht es ums Prinzip, Gott um die Menschen. (S. 142)

Gläubige, die alles immer eindeutig, klar und unmissverständlich „richtig" geregelt haben wollen, entwickeln oft einen unfassbar hohen Leistungsdruck – auf sich selbst und auf andere. (S. 148)

Wenn wir versuchen, den Glauben in Paragrafen, Prinzipien und Regeln zu gießen, behindern wir Gottes Dynamik, seine Lebendigkeit, die er für uns Menschen einsetzt! Und Gott – das zeigt die Jona-Geschichte – lässt sich nicht gerne einschränken in seiner Lebendigkeit, Kreativität und Liebe! (S. 151f)

Gesunder Glaube setzt nicht auf Beliebigkeit, aber auch nicht auf Gesetzlichkeit, sondern auf Orientierung! (S. 152)

# Akteure der Jona-Geschichte

In der Reihenfolge ihres Auftretens:

*Gott:* Hat das erste und das letzte Wort in der Jona-Geschichte. Hält humorvoll und mit viel Geduld die Fäden in der Hand. Hat ein großes Herz für schwierige Menschen. Ein sehr großes. Lässt sich auch durch seinen sturköpfigen Propheten nicht aus dem Konzept bringen.

*Jona:* Der sturköpfige Prophet. Er meint genau zu wissen, was falsch und was richtig ist, wem Gottes Zuwendung gilt (natürlich ihm und seinem Volk) und wem nicht (allen anderen). Eindeutige Prinzipien sind ihm wichtig. Er schätzt – zumindest theoretisch – einen konsequenten Glauben und wünscht sich einen konsequenten Gott. In Gottes gnädiger Weite muss er sich erst zurechtfinden ...

*Sturm:* Von Gott aufs Meer geworfen, um Jona auf seiner Flucht zu stoppen. Bringt ein Schiff in Seenot, die Besatzung in Todesgefahr und den Passagier Jona zum Nachdenken.

*Matrosen:* Eine internationale, bunt zusammengewürfelte Truppe von Seeleuten an Bord eines Überseeschiffs, eher raue Gesellen. Sie entpuppen sich jedoch als religiös überaus wach und sensibel.

*Kapitän:* Hat das Kommando an Bord eines Frachtschiffs im Mittelmeer; setzt in Seenot seine Hoffnung auf Jonas Gott.

*Fisch:* Hat ein großes Maul und einen großen Magen. Hört aufs Wort, wenn Gott einen Job für ihn hat.

*Stadtbewohner von Ninive:* Leben nicht wirklich so, wie Gott sich das vorstellt. Lassen sich aber von ihm (bzw. seinem Untergangspropheten) ansprechen und ändern daraufhin radikal ihr Verhalten.

*König:* Hat das Sagen in Ninive. Setzt seine Hoffnung auf einen gnädigen Gott und gibt der Umkehr der Niniviten einen offiziellen Status.

*Rinder und Schafe in Ninive:* Müssen seltsamerweise beim Bußfasten mitmachen, obwohl sie – soweit bekannt – eigentlich gar nichts falsch gemacht haben.

*Rizinus:* Eine Staude, die schneller wächst als ihr Schatten. Sozusagen eine Wunderpflanze auf der Überholspur – mit begrenzter Halbwertszeit.

*Wurm:* Kleines hungriges Wesen. Unterwegs im Auftrag des Herrn. Knabbert den Rizinus an, so dass der eingeht.

*Ostwind:* Unangenehm und heiß, verleidet Jona das Leben.

*Sonne:* Sorgt für einen Sonnenstich bei Jona und setzt ihn außer Gefecht.

*Du und ich:* Äh, ja: Irgendwie werden wir als Leser am Ende mit hineingezogen in die Geschichte …

# Einleitung: Der Jona in mir

„Menschen wie Jona sterben nie aus."

*Gottfried Vanoni*[1]

„Wer sich auf diese Erzählung einlässt, der erkennt,
dass Jona eine Gestalt ist,
die uns allen zum Verwechseln ähnlich sieht."

*Rudolf Stertenbrink*[2]

D as Buch Jona ist eine Provokation für Fromme. Es
erzählt von einem Propheten, der die irritierende Erfahrung macht, dass Gott nicht mehr in sein Schema passt.
Genauer: von einem engstirnigen Gläubigen, der von Gottes gnädiger Weite herausgefordert wird – bis an die Grenze des Erträglichen.

Es ist kein schmeichelhaftes Bild, das im Buch Jona von seinem
Hauptakteur gezeichnet wird: Er pflegt ziemlich enge und gesetzliche Glaubensvorstellungen, er ist dabei sehr von sich überzeugt
und grenzt sich strikt von Außenstehenden ab. Er setzt auf eine
simple Zweiteilung der Welt. Sich selbst zählt er zu den „Guten",
zu Gottes Leuten – Menschen, die seine Vorstellungen nicht
teilen, verurteilt er dagegen hart.

## Heutige Jona-Typen

Auch heute steckt in manchen frommen Gläubigen so ein kleiner Jona. Manche Christen entwickeln einen ungesunden Stolz, zum erlesenen Kreis der Berufenen dazuzugehören (als wäre das Privileg der Gottesnähe ihr Verdienst!), und neigen dazu, auf Außenstehende herabzuschauen. Gefährdet sind gerade Christen, die die Bibel unverfälscht ausgelegt und Glaubensinhalte unmissverständlich festgelegt haben wollen. Gerade Christen, die ihren Glauben sehr ernst nehmen, neigen dazu, nach einem allzu simplen Freund-Feind-Schema zu bewerten. Einige haben nicht den Hauch eines Zweifels, auf der richtigen Seite zu stehen. Sie tendieren auffallend häufig dazu, anhand klarer Fronten unbarmherzige Pauschalurteile zu treffen und alles außerhalb ihrer frommen Blase mit einem negativen Vorzeichen zu versehen.

Ein paar Beispiele für solche zu einfachen Pauschalurteile, leider nicht erfunden:

- Wiederverheiratete Geschiedene? „Nicht würdig, am Abendmahl / an der Eucharistie teilzunehmen!"

- Frauen, die abgetrieben haben? „Die stellen ihre Selbstverwirklichung über das Leben des ungeborenen Kindes!"

- HIV-positive Homosexuelle? „Gottes Strafe für sündiges Verhalten!"

- Drogen- oder Alkoholabhängige? „Selbstgewähltes Schicksal, die haben sich einfach nicht im Griff!"

- Straffällig gewordene Menschen? „Haben ihr Leben verpfuscht, selbst schuld!"

- Hartz-IV-Empfänger oder Obdachlose? „Die wollen sich schlicht und einfach alle nicht einfügen in das normale Leben!"

Wer in solchen Stereotypen denkt, wer so hart urteilt, dessen Herz ist eng. Viel, viel enger als Gottes Herz, dessen Art wir eigentlich widerspiegeln sollten. Ein enges Herz zeigt sich zum Beispiel durch Naserümpfen und Kopfschütteln. Engherzigkeit zeigt sich in Berührungsängsten, Überheblichkeit und Verachtung, in kompromisslosem Schwarz-Weiß-Denken und strikter Abgrenzung.

## Der Jona in mir

Leider kommt auch der Jona in mir immer wieder durch. Auch ich habe manchmal ein zu enges Herz, einen zu engen Horizont. Zum Beispiel kommt es vor, dass ich Menschen vorschnell abschreibe und nicht in der Lage bin, den Schmetterling in der Raupe zu entdecken. Vor einiger Zeit hörte ich, wie mein kleiner Sohn vor unserer Haustür einem anderen Jungen – nennen wir ihn hier einmal „Max" – drohend zurief: „Du darfst unser Grundstück nicht betreten!" Ich habe ihn dann im Haus zur Rede gestellt: „Warum sagst du Max derart barsch, dass er hier nichts zu suchen hat?" – Antwort: „Papa, du findest den doch auch blöd!" Es stellte sich heraus, dass ich ein paar Tage zuvor zu meinem Sohn gesagt hatte, Max sei kein guter Einfluss für ihn, er solle eher mit anderen spielen. Mir war halt aufgefallen, dass Max sich deutlich zum Negativen entwickelt hatte. Er war in vielen Aspekten das Gegenteil von dem, was ich mir für unseren Sohn wünsche.

Mein Sohn hatte sich offenkundig gemerkt, dass ich Max nicht als angemessenen Umgang für ihn ansah. Als er ihn so barsch von unserem Grundstück fernhielt, wurde mir schlagartig bewusst, was bei ihm angekommen war und wie engherzig ich gewesen war: Hätte ich ein bisschen Sensibilität gezeigt, wäre mir rechtzeitig bewusst geworden, warum Max gerade eine heftige Phase hatte: Seine Eltern waren mitten in einer schmutzigen und mit harten Bandagen geführten Scheidung, Alkohol spielte eine unrühmliche Rolle und das gemeinsame Haus musste verkauft werden. Das bleibt bei einem Kind nicht ohne Folgen, wenn alles den Bach heruntergeht!

Meine Aufgabe als Christ wäre es gewesen, das gedanklich in den größeren Kontext einzuordnen – und Max nicht trotzdem, sondern gerade deswegen einzuladen, zum Beispiel nachmittags an unserem großen Esstisch eine Waffel mitzuessen oder abends gemeinsam an der Feuerschale zu sitzen, Stockbrot über die Glut zu halten und entspannt zu reden. Gerade in so einer schwierigen, ihn existentiell berührenden Phase hätte er Zuwendung, ein offenes Ohr und Orientierungshilfe gebraucht – keine Zurückweisung unsererseits! Leider habe ich das zu spät begriffen. Manchmal bin ich Jona eben zum Verwechseln ähnlich. Gott hat noch viel Arbeit mit mir. Aber zum Glück hat er auch viel Geduld mit mir.

## Einladung in die Weite

Jonas Geschichte macht deutlich, wie engagiert Gott bei seinen Leuten gegen eine Verengung von Herz und Horizont kämpft. Sie macht deutlich, wie sehr Gott sich bei Gläubigen einen weiten Horizont wünscht, ein großes Herz. Dafür setzt er bei Jona alles ein: einen Sturm, einen großen Fisch, einen Rizinus, einen Wurm – und eine große Portion Humor.

So gesehen ist das Buch Jona also nicht (nur) eine Provokation – sondern eine verlockende Einladung, den Propheten auf seinem Weg der Herzerweiterung ein Stück zu begleiten: auf seinem Weg aus der Enge in die Weite, von der Rechthaberei zum Lernen, vom Sich-Abgrenzen zum Mitleiden, vom Verurteilen zum Voranbringen und von der Gesetzlichkeit zur Gnade.

# Beauftragung (Jona 1)

„Ninive ist überall."

*Herbert Werner*[3]

„Unser ‚Ninive' ist dort, wo wir Christen
uns in unsere Schneckenhäuser zurückziehen,
statt unsere uns von Gott gestellte Aufgabe
unter Christen und Nichtchristen zu erfüllen."

*Klaus Fischer*[4]

Eine laute Stimme reißt Jona aus dem Tiefschlaf. Ein Mann
rüttelt an ihm und schreit die ganze Zeit in einem wilden
Sprachkauderwelsch irgendwas mit „Nicht schlafen! Du
musst beten!" Halbwach murmelt Jona nur: „Lass mich in Ruhe!
Ich träume gerade so schön!", und zieht die Decke über sein
Gesicht.

Da reißt der Mann sie einfach weg und zerrt Jona grob hoch.
Der muss sich schnell irgendwo festhalten, alles schwankt wild hin
und her. Komisch: Die Holzplanken unter seinen Füßen sind ganz
nass. Jona muss sich erst orientieren: „Wo bin ich überhaupt?
Was mache ich hier?"

Nach und nach fällt ihm alles wieder ein. Oh je! Jetzt weiß er
wieder, wo er ist und was hier los ist: Er ist auf der Flucht vor
seinem Gott. Auf einem schaukelnden Überseeschiff. Und dieses
Fluchtfahrzeug hat Gott gerade gestoppt – mit einem heftigen
Sturm. Genauer gesagt: Ihn, Jona, seinen streikenden Propheten,

hat Gott gestoppt. War ja klar. Jona erinnert sich jetzt wieder sehr genau: Alles begann damit, dass Gott einen Spezialauftrag für ihn hatte. Es war nicht das erste Mal gewesen, dass Gott ihn auf einen Einsatz schickte. Aber dieses Mal war es eine ärgerliche Angelegenheit, ein unmöglicher Auftrag gewesen! Aber jetzt einmal alles der Reihe nach.

## Jona: Auf Tuchfühlung mit Gott

...............................................................................................

*Jona 1,1 (REÜ): Und das Wort des HERRN geschah zu Jona, dem Sohn des Amittai:...*

...............................................................................................

Das nach ihm benannte Buch startet so lapidar: Gott spricht Jona an. Da muss man gedanklich erst einmal mitkommen. Zwei Fragen drängen sich auf: Um wen geht es, wer ist dieser Jona überhaupt? Und wie kann Gott sich einfach so mit ihm unterhalten, als säßen sie zusammen auf der Terrasse?

Zur ersten Frage: Dieser Jona wird ohne große Erläuterungen bei den Lesern als bekannt vorausgesetzt. Und in der Tat: Jona ist eine bekannte Figur. Jona ben Amittai heißt er mit vollem Namen, also „Jona, Sohn des Amittai". (Es gab im Alten Orient keine Nachnamen, man hängte an den Vornamen einfach den Namen des Vaters dran. Sein Vater hieß halt Amittai.) Dieser Jona ben Amittai taucht im Alten Testament zuvor schon einmal in einem anderen Zusammenhang auf (2Kön 14,23–25). Die kurze Notiz dort klärt seine Herkunft: Jona stammt aus Gat-Hefer, also aus dem Bergland des Nordreichs Israels (nach dem Tod des Königs Salomo war das gelobte Land in ein Südreich für die Stämme Juda und Benjamin und in ein Nordreich Israel für die restlichen zehn

Stämme aufgeteilt worden). Jonas Heimatstadt gehört zum Stammesgebiet Sebulon (Jos 19,13).

Zur zweiten Frage: Die Seitenbemerkung im zweiten Buch der Könige klärt schon einmal Jonas Rolle. Jona ist nicht irgendwer. Jona ist ein Prophet, also ein Mensch, der einen engeren Draht zu Gott hat als die meisten anderen Menschen und in enger Beziehung zu ihm steht. Er wird sogar als „Knecht Gottes" bezeichnet – mit diesem Ehrentitel steht er auf einer Stufe mit Mose (4Mo 12,7; Hebr 3,5). Jona, das ist also eine bedeutende Figur seiner Zeit, in der Mitte des 8. Jahrhunderts v. Chr. – grob gerechnet 150 Jahre nach der Regierungszeit Salomos.

## Gute Botschaft in schlechten Zeiten

Jona ist vermutlich auch ein beliebter Prophet in Israel. Er hatte nämlich bereits angenehme Aufträge zu erledigen: Er durfte in unschönen Zeiten schöne Botschaften verkündigen. Jona durfte seinem Volk und seinem König Jerobeam II. (787–747; der damalige König im Nordreich) gute Nachrichten von ganz oben übermitteln: Eine Wende zum Guten würde eintreten. Gott würde dafür sorgen, dass die in Kriegen verloren gegangenen Gebiete von Israel militärisch zurückerobert werden würden.

Das fiel Jona ganz sicher nicht schwer, solch einen Auftrag auszuführen. Und tatsächlich trat diese Prophezeiung ein. Israel erreichte nach Jonas Ankündigung im Norden und Osten fast wieder die geografische Ausdehnung wie unter dem großen König David auf dem Zenit seiner Macht. Das festigte garantiert Jonas Ruf eines bedeutenden Propheten.

Ganz nebenbei: Diese Gebietsrückeroberung war ehrlich gesagt reine Gnade. Jerobeam II. war kein König, wie Gott sich ihn vorstellte. Da lief einiges schief (2Kön 14,23f.). Jona war in dieser Situation also ein Prophet unverdienter Gnade. Und weil die von ihm prophezeite Gebietserweiterung logischerweise auf Kosten der benachbarten Völker gehen musste, lässt sich seine Botschaft so zusammenfassen: „Gnade für uns, Strafe für die anderen!" Jona hatte damit keine Probleme.

„Tja", dachte Jona vielleicht manchmal, „das ist halt eine spezielle Beziehung zwischen Gott und seinen Leuten." Jona war sich sicher, dass Gott klar trennt zwischen Menschen, die zu ihm gehören – und allen anderen. Das Volk Israel ist Gottes Volk, diese Menschen gehören zu ihm. Die Israeliten, das sind die Guten. Auch wenn sie sich nicht immer so gut verhalten. Aber jedenfalls sind sie besser als die anderen. Naja, zumindest besser dran. Wie auch immer: Toll, so einen Gott zu haben, der seinem Volk immer wieder gnädig ist, ihm Gutes gönnt! Aus Jonas Sicht war das eine wirklich feine Sache, zu Gottes Volk zu gehören! Ein Privileg, so einen Gott zu haben. Eine Ehre, sein Prophet, sein Sprachrohr zu sein.

Bis jetzt.

## Neuer Auftrag: Auf nach Ninive!

Denn jetzt übermittelt Gott Jona wieder einen Auftrag – wie genau, bleibt offen. Ob als Stimme aus dem Himmel oder als innere Stimme, die ihm keine Ruhe mehr lässt. Klar ist jedenfalls: Jona weiß genau, wer da mit ihm redet. Ihm ist sehr bewusst: Gott selber spricht ihn unmissverständlich an. Was sagt er? Der Auftrag lautet diesmal:

........................................................

[2] *Mache dich auf, geh nach Ninive, der großen Stadt, und verkündige gegen sie! Denn ihre Bosheit ist vor mich aufgestiegen.*

........................................................

Jona soll ins feindliche Ausland. Als Überbringer schlechter Neuigkeiten. Allein. Er soll den Menschen im assyrischen Ninive ins Gesicht sagen, dass es so mit ihnen nicht weitergeht.

Ninive, gegenüber dem heutigen Mossul auf dem östlichen Ufer des Tigris gelegen, war zu Jonas Zeit noch nicht Hauptstadt des assyrischen Reiches – das war bis 705 v. Chr. Assur. Aber ähnlich wie Sydney die Stadt ist, die wie keine andere für Australien steht, auch wenn die Hauptstadt Canberra heißt, war Ninive religiöses und kulturelles Zentrum und die prägende Stadt Assyriens.

Ninive, nur „ungefähr so groß wie Paderborn" heute,[5] war nach damaligen Maßstäben eine Großstadt, eine Metropole des Orients – eine Weltstadt wie heute Berlin, Paris, Dubai oder London.

Was genau die „Bosheit" ist, die zum Himmel schreit und Gott zum Eingreifen bewegt, erschließt sich nur indirekt und andeutungsweise über Jona 3,8. Dort ist die Rede von „bösen Wegen" und Gewalttaten. Nach außen waren die Assyrer bekannt für brutale Kriegführung, für die Massendeportation von Feinden und für gnadenlose Unterdrückung. Das assyrische Reich sorgte für Angst und Schrecken, plünderte, mordete und verschleppte auf grausame Art. Auch nach innen herrschten wohl schlimme Zustände. Ninive war „Symbol der Welt ohne Gott"[6] und – um mit Ronald Reagan zu sprechen – ein *evil empire*, ein „Reich des Bösen". Heute würden wir sagen: ein Terroristenstaat! Ninive, das war also das komplette Gegenteil von dem, was Gott sich wünscht und wofür er steht: Frieden, Leben, Liebe, Solidarität und Gerechtigkeit. „Endlich", denkt Jona möglicherweise, „ist das auch mal bei dir angekommen, Gott!"

Gott will jetzt anscheinend durchgreifen, denn sein Auftrag an Jona lautet: „Jona, du gehst jetzt ins assyrische Ninive und sagst: So kann das mit euch nicht weitergehen. Ich gucke mir das nicht länger an!" Ich stelle mir das so vor, dass Jona im ersten Moment zustimmt: „Da sind wir uns mal wieder einig, Gott und ich: Ninives Bosheit stinkt zum Himmel. Wirklich übel, was man da so hört! Ninive gehört zur Rechenschaft gezogen!"

## Jona wird stutzig

Aber – warum kann Gott Ninive dann nicht einfach bestrafen und dem Erdboden gleichmachen? Die Assyrer sind eine potenzielle (und später sehr reale) Bedrohung für Israel, also Feinde – und Feinde warnt man doch nicht vor! Da schlägt man ohne Vorwarnung zu. Warum um alles in der Welt sollte man Ninives Untergang vorher ankündigen? Man setzt doch eher auf den Überraschungseffekt! Am Ende fliehen noch welche vor der verdienten Strafe! Oder, noch schlimmer: Die Niniviten wollen ihm an den Kragen!

Jona kommt langsam ins Grübeln: „Warum muss ich in die Höhle des Löwen und Kopf und Kragen riskieren? Ninive gehört wie damals Sodom und Gomorra vernichtet (1Mo 18f.)! Feuer vom Himmel, einmal die Gegend auf links gedreht (1Mo 19,24f!) und fertig. Dann ist doch alles wieder in Ordnung!"

Jona stutzt – und an dieser Stelle muss ich ein wenig spoilern, das Geheimnis hinter Jonas Reaktion wird ja erst in Jona 4,2 enthüllt: Er versteht allmählich, was Gott *wirklich* vorhat. Ihm schwant langsam: Dass Gott sie vorwarnen will, deutet darauf hin, dass er sie gar nicht vernichten will. Vernichten könnte er sie ja auch ohne Ankündigung ... Jona vermutet – wie sich später herausstellt, völlig zu Recht –, dass Gott den Niniviten „nur" eine ultimative Warnung übermitteln will. Die bedrohliche Botschaft ist nur eine ultimative Drohkulisse, eine letzte Mahnung! Im Klartext heißt das: Jona soll Ninive Gelegenheit zur Umkehr geben.

Jona fällt es wie Schuppen von den Augen: Gott würde die Niniviten niemals darauf hinweisen, dass sie in eine Sackgasse rennen, wenn er nicht auf ihre Umkehr hoffen würde ... Die Drohpredigt soll doch genau das Angedrohte, die Zerstörung der Stadt, den Tod aller Bewohner, verhindern. Rüttelt seine Botschaft die Niniviten auf, ist Gott ihnen am Ende noch gnädig.

Aus Jonas Sicht unvorstellbar! Jona befürchtet und ahnt, dass Gott gnädig und gütig sein würde – den falschen gegenüber! Den Niniviten gegenüber! Damit hat Jona ein Problem: Er will nicht, dass diese gottlosen Menschen, diese potenziellen Feinde, diese Nicht-Israeliten von Gottes Gnade berührt werden.

„Alles, nur das nicht! Am Ende heucheln die Niniviten kurz ein wenig Reue und Gott wird prompt weich ..." Jona sträubt sich gegen den Auftrag. Gnade für Ninive, für Israels Feinde, für so eine sündige Weltstadt? – da macht er nicht mit. Jona kommt nicht damit klar, dass Gott Ninive die Chance eröffnet, sich vor der verdienten Strafe zu drücken.

## ZUM WEITERDENKEN: **Gott gibt keinen auf**

Zugegeben, bei Jona hält sich die Begeisterung darüber, dass Gott sich für die verrufenen Niniviten interessiert, sehr in Grenzen. Das ist ein Thema für sich – nein: Das ist *das* Thema, das im weiteren Verlauf der Geschichte weiter entfaltet wird. Dazu später mehr. Aber ein wichtiger Aspekt verdient es, hier hervorgehoben zu werden: Jonas Beauftragung offenbart nämlich einen grundlegenden Wesenszug Gottes.

Jona hat – das stellt sich später heraus – ja Recht: Gott will nicht Prinzipien durchsetzen um jeden Preis und Menschen ohne Wimpernzucken der verdienten Strafe zuführen. Gott will Ninive offenkundig noch eine Chance geben, er will den Bewohnern der Stadt unverdientermaßen seine Gnade anbieten. Ninives Schicksal ist Gott nicht egal. Er kann nicht unbeteiligt zuschauen, wie die Stadt sich und andere zerstört.

Das ist typisch Gott: Er gibt keinen auf. Für Gott ist kein Leben endgültig verpfuscht. Für Gott ist keine Biografie hoffnungslos. Für Gott ist keine Lage ausweglos. Nicht einmal die verfahrene Situation in Ninive.

Zum Glück gilt das auch heute noch. Wir sind Gott nicht egal. Im Gegenteil! Was auch immer zwischen uns und Gott steht: Er hat alles in Bewegung gesetzt, um uns eine Chance zur Umkehr zu geben. Zu Ninive schickte er seinen Propheten Jona. Etwa 700 Jahre später schickte er seinen Sohn Jesus höchstpersönlich auf die Welt. Der Autor des Hebräerbriefes bringt es auf den Punkt: „In der Vergangenheit hat Gott in vielfältigster Weise durch die Propheten zu unseren Vorfahren gesprochen. Aber jetzt, am Ende der Zeit, hat er zu uns gesprochen durch den Sohn." (Hebr 1,1f. GNB; vgl. auch Mt 21,33–46).

Und was lässt Gott uns ausrichten durch seinen Sohn? Die Nachricht, die er übermitteln soll, fasst Jesus selbst folgendermaßen zusammen: „Ich bin nicht gekommen, dass ich die Welt richte, sondern dass ich die Welt rette" (Joh 12,47). Gott will sich nicht von problematischen Menschen abgrenzen, niemals, er leidet mit ihnen. Gott will Menschen nicht verurteilen, sondern voranbringen.

## Jona streikt

Jeder damalige Hörer der Geschichte hätte nach Gottes Beauftragung „Mache dich auf, geh nach Ninive!" die klassische Fortsetzung erwartet: „… und Jona machte sich auf und ging nach Ninive". Viele große Erzählungen des Alten Testaments beginnen mit einem göttlichen Auftrag – und dann folgt normalerweise immer die gehorsame Ausführung des Auftrags durch den Propheten (vgl. Abraham in 1Mo 12,1.4; Bileam in 4Mo 22,20f.; Elija

in 1Kön 17,9f.). Aber hier ist nichts normal. Statt des „und" kommt
ein „aber":

....................................................................................

³ *Aber Jona machte sich auf, um nach Tarsis zu fliehen,*
*weg vom Angesicht des HERRN. Und er ging nach Jafo*
*hinab, fand ein Schiff, das nach Tarsis fuhr, gab den*
*Fahrpreis dafür und stieg hinein, um mit ihnen nach*
*Tarsis zu fahren, weg vom Angesicht des HERRN.*

....................................................................................

Jona ist nicht einverstanden mit seinem Auftrag, er ist nicht einverstanden mit Gottes Ziel. Er will das Gegenteil von dem, was
Gott will… und macht sich konsequenterweise auf in die Gegen-
richtung. Er streikt. Er kündigt. Er quittiert den Dienst. „Gnade
für die Niniviten? Da kannst du dir einen anderen Dummen
suchen!", denkt sich Jona. „Nichts wie weg hier…" Er macht sich
zwar auf Weg, geht aber in die genau entgegengesetzte Richtung:
„Nach Nordosten soll er, nach Südwesten geht er".[7]

Explizit heißt es hier zweimal: Er will nach Tarsis fliehen, „weg
vom Angesicht des HERRN". Das klingt wie eine Anspielung
auf die Kainsgeschichte (1Mo 4,16), in der Kain mit einem Mal
nicht länger in Gottes Dunstkreis lebt. (Ein Leben im Einklang
mit Gott und enger Umgang mit ihm wird im Alten Testament
häufiger umschrieben mit „vor dem Angesicht des Herrn stehen",
vgl. 1Kön 17,1; 18,15; 2Kön 3,14; 5,16; Jer 15,1.19). Diese Formulierung soll auch hier bei Jona eine maximale Entfernung von Gott
ausdrücken. Bisher war er offenkundig eng verbunden mit ihm,
jetzt aber will er auf Abstand gehen, möglichst weit weg aus der
Gegenwart des Herrn. Die innere Distanzierung drückt sich auch
äußerlich aus. Tarsis, von Israel aus gesehen im äußersten Westen,

vermutlich an der Südküste Spaniens gelegen – das ist in der antiken Geografie so etwas wie das Ende der damals bekannten Welt (vgl. Ps 72,10; Jes 60,9; 66,19; Hes 38,13).

Jona macht sich aus dem Staub. Er läuft vor seinem Auftrag weg. Er läuft vor seinem Gott weg. Was für ein bockiger Prophet, ein Problemprophet! Er kommt irgendwie, wahrscheinlich zu Fuß, die knapp 100 km von Gat-Hefer nach Jafo (seit 1950 ein Stadtteil der 1909 neu gegründeten israelischen Hafenstadt Tel-Aviv). Zufällig liegt dort im Hafen gerade ein Boot (Passagierschiffe gab es damals nicht, „wer zu Schiff unterwegs sein wollte, musste ein Frachtschiff finden, das ihn mitnahm"[8]), eins dieser schwerfälligen Handelsschiffe, die manchmal auch zahlende Passagiere mitnahmen, ihnen aber wenig Luxus boten.

Jona fragt den Kapitän: „Wo fahrt ihr hin? Der Kapitän ruft zurück: „Weit weg, nach Tarsis!" Jona: „Nach Tarsis? Das klingt gut! Könnt ihr mich mitnehmen?" Tarsisschiffe, das waren hochseetaugliche Boote, kombinierte Segel- und Ruderschiffe. Das waren nicht nur Küstenschiffe, die sicherheitshalber immer nur nahe am Ufer fuhren, sondern sie konnten weitere Entfernungen überbrücken. Tarsisschiffe waren wichtig für den internationalen Handel, allerdings auch nicht in jedem Fall absolut zuverlässig.

Die Strecke Jafo–Tarsis bedeutete eine mehrmonatige Fahrt. Das Handelsschiff musste immer wieder in Häfen anlegen, Zwischenstopps machen, um Waren aufzunehmen oder zu verkaufen und sich mit Proviant zu versorgen. Darüber hinaus galt es immer wieder, auf günstige Winde zu warten… Jafo–Tarsis, das war auch keine billige Fahrt. Aber Jona zahlt, offenkundig ohne mit der Wimper zu zucken, den geforderten Betrag und geht an Bord. Vielleicht stutzte der Kapitän da schon: „Der hat es aber eilig, wegzukommen! Der versucht nicht einmal, den Preis herunterzuhandeln. Ob der etwas ausgefressen hat?" In der Tat: Jona scheut weder Kosten noch Mühen, wegzukommen.

## Einschneidendes Erlebnis

Komisch: Wenn Jona Gottes Auftrag, nach Ninive zu gehen, nicht nachkommen will, warum verweigert er dann nicht einfach die Arbeit? Warum flieht er, warum verlässt er prompt seine Heimat? Er hätte den Befehl doch einfach ignorieren und zu Hause bleiben können? Diese Flucht sieht ein wenig aus wie eine Art Kurzschlusshandlung, wie Vermeidungsverhalten.

Ein „Weiter wie bisher" ist ihm schlicht nicht möglich. „Dort, wo er war, glaubt er nicht bleiben zu können, und dort, wo er hin soll, will er nicht hin".[9] Will er raus aus dem Umfeld, in dem ihn Gottes Auftrag erreichte, um die Wahrscheinlichkeit einer erneuten Kontaktaufnahme zu minimieren? „Offenkundig hindert die Macht des göttlichen Befehls Jona daran, sich einfach über ihn hinwegzusetzen und sein gewohntes Leben fortzusetzen".[10] Er hält es nicht mehr aus, in Gottes Land zu sein. Er kann nicht einfach so tun, als ob nichts gewesen wäre, innere Unruhe treibt ihn an! Gottes Auftrag löst in ihm etwas aus … und irgendwo muss Jona hin mit dieser Energie.

**ZUM WEITERDENKEN: Setze ich Gottes Auftrag um?**

Gott gibt keinen auf – aber wie bekommen das die mit, die diese hoffnungsvolle Botschaft hören müssen? Wie kommt bei Bedarf Gottes Warnung „Achtung! Du läufst auf den Abgrund zu!" an? Durch uns, durch dich und mich! Gott beauftragt seine Leute, diese lebensentscheidende Botschaft weiterzugeben. Er beauftragt uns, anderen Menschen seine Nachricht zu überbringen. Gott braucht dich und mich, damit seine Botschaft ankommt! (Röm 10,14f.).

Dummerweise sind wir Christen heute manchmal genauso störrisch wie Jona damals. Das ist ja ohnehin für Manche erst einmal ein Umdenken: Wir sollen hingehen zu Menschen – und nicht warten, dass sie irgendwann von alleine schön gestriegelt zum Gottesdienst kommen! Und: Wohin genau sollen wir denn gehen, zu wem? Was ist unser Auftrag als Gemeinde? Konkret: Was will Gott von mir, wohin schickt er mich? Wo ist mein Ninive?

Ninive ist überall da, wo Menschen den lebendigen Gott nicht kennen, wo ihnen die richtige Lebensausrichtung fehlt. Ninive „steht für alle Orte unserer Welt, wo Menschen am Leben gehindert werden, wo Menschen sich selbst am Leben hindern".[11] Genau dahin will Gott mich schicken. Das mag weit weg sein. Möglicherweise liegt „mein" Ninive aber auch sehr nahe in meiner Nachbarschaft. Ninive ist heute auch in Deutschland, in Österreich, in der Schweiz. Ninive liegt am Rhein, am Main, an der Elbe, an der Rhone, an der Donau – und an zahllosen Nebenflüssen. Ninive findet sich heute in Berlin, Innsbruck und Basel – und bei dir nebenan. Ninive ist überall da, wo Menschen Gott brauchen. Jesus sagt: „Nicht die Starken brauchen einen Arzt, sondern die Kranken" (Mt 9,12). Für die will Gott da sein. Für die sollen wir da sein.

Unser Auftrag, der Missionsbefehl, klingt sinngemäß genauso wie Jonas Auftrag: „Geh hin zu denen, die mich noch nicht kennen, zu denen, die mich brauchen!" (vgl. Mt 28,19f.; Mk 16,15f.; Lk 24,47–49; Joh 20,21; Apg 1,8). Gott schickt uns wie Jona zu den Orientierungslosen, zu denen, die ihr Leben bisher nicht wirklich auf die Reihe kriegen. Zu denen, die sich schwertun mit dem Leben. Zu denen, die anderen das Leben schwer machen. Zu Menschen, deren bisheriges Leben das komplette Gegenteil von dem ist, was Gott sich wünscht und wofür er steht. Und Gott schickt uns möglicherweise auch zu Menschen, zu denen wir eigentlich lieber Abstand halten würden…

Ich unterhielt mich vor etlichen Jahren mit einer Bekannten über eine Großstadtgemeinde, die ich eigentlich richtig gut und beeindruckend fand: Im Gottesdienst Musik auf hohem Niveau, tolle Einspielfilme, tiefgehende Predigten, eine dichte Atmosphäre... „Da wäre ich gerne Mitglied!", sagte ich damals meiner Bekannten. Die konnte das überhaupt nicht nachvollziehen. Mit Nachdruck holte sie mich auf den Boden der Tatsachen: „In der Gemeinde läuft gehörig was falsch! Schau dir doch nur mal die dicken Autos an, die vor der Gemeinde parken. Schau dir in den Stuhlreihen an, wie die Menschen gekleidet sind! Achte mal darauf, welche Themen in den Predigten eine Rolle spielen und welche nicht! Achte einmal darauf, welche Berufsgruppen in der Gemeinde vertreten sind und welche nicht: Das sind eigentlich nur Akademiker!" Ihre Diagnose: „Diese Gemeinde ist doch nur für die *happy few*! Sie besteht aus Privilegierten, und die wollen am liebsten unter sich bleiben." Ich musste ihr widerstrebend Recht geben, da war wirklich etwas dran.

Umso mehr freute ich mich, als ich Jahre später hörte, dass Frauen aus dieser Gemeinde jetzt regelmäßig Prostituierte auf dem Straßenstrich aufsuchen und ihnen ganz praktisch weiterhelfen, sie warmherzig begleiten und in Notsituationen unterstützen. Ehrenamtliche haben darüber hinaus eine wöchentliche Essensausgabe für Obdachlose etabliert. Das hat mich sehr beeindruckt, wie die Gemeinde in den letzten Jahren Schritt für Schritt ihren begrenzten Horizont erweitert und gewohnte Bahnen verlassen hat. Die Gemeinde hat an diesen Stellen und an weiteren ihren Auftrag entdeckt! Sie ist sensibel geworden für die Nöte der Menschen aus dem räumlichen Umfeld. Sie reflektiert inzwischen bewusst: Wie können wir etwas von dem, was uns geschenkt worden ist, an andere weitergeben? Wie können wir Menschen helfen, die es nötig haben?

Zu wem möchte Gott dich schicken? Vielleicht hast du ganz konkret einen Menschen vor Augen, bei dem du denkst: „Das kann doch so nicht weitergehen mit ihm/ihr!" Das kann ein Arbeitskollege sein, ein Nachbar, ein Bekannter. Möglicherweise lässt Gott dich spüren, was er in Bezug auf diese Person empfindet, weil er sie dir aufs Herz legen möchte.

Es kann auch gut sein, dass Gott „zufällige" Begegnungen schafft, die Anknüpfungspunkte bieten. Mir passiert so etwas immer wieder, wenn ich mit meiner aktuellen Lektüre in einem Café oder Restaurant sitze. Vor ein paar Jahren war ich für einen Vortrag in Wernigerode. Am Abend, bevor ich mich ins Hotelzimmer zurückzog, saß ich gemütlich in einem Brauhaus, um ein wenig zu lesen und mir gleichzeitig ein riesiges Schnitzel einzuverleiben. Irgendwann setzte sich ein junger Mann neben mich, der offenbar Gesprächsbedarf hatte. Er fragte sofort: „Was liest du denn da?" Ich hielt ihm das Cover hin, er las stirnrunzelnd: „Neun Wege, Gott zu lieben" (übrigens ein sehr anregendes Buch!). Lapidare Reaktion seinerseits: „Aha." Kurze Pause. Und dann legte er los: „Kirchensteuer ist Mist. Die Zehn Gebote engen ein. Der Kirche kann man nicht trauen!" Und schon waren wir mitten in einer angeregten Diskussion. Je später der Abend wurde, desto offener, ehrlicher und persönlicher wurde das Gespräch. Das war eine von Gott geschenkte Begegnung, die bei meinem Gegenüber einiges auslöste und auch mich sehr anregte und bereicherte.

Wenn Gott dir Menschen aufs Herz legt oder Gesprächsgelegenheiten arrangiert, kannst du dich wegducken. Oder du kannst die Person sein, die ein möglicherweise entscheidendes Wort hat, eine entscheidende Geste, einen entscheidenden Gedanken. Bin ich eine Figur, die Gottes Liebe verkörpert und seine Gnade in das Leben anderer Menschen bringt?

## Jonas Problem: Gottes Gnade

Jona will immer Eindeutigkeit – und für ihn ist der Fall eindeutig und klar: Die Menschen in Ninive sind eine Ansammlung von

Sündern (er nimmt sie nicht einmal als Individuen wahr). Jona will, dass Ninive konsequent bestraft wird, dem Erdboden gleichgemacht wird. Jona will Ninive untergehen sehen! Weil die Niniviten nichts anderes verdient haben! Da ist null Empathie bei Jona zu entdecken. Er hat kein Problem mit der Härte der Botschaft – sondern mit Gottes absehbarer Gnade. *Denen* kann man doch nicht Gottes Gnade nahebringen?!

Das zieht sich durch die ganze Geschichte: Jona betreibt die Sicherung seiner Identität und der Identität des Gottesvolkes durch scharfe Abgrenzung nach außen. Das führt leicht zu Isolation und Überheblichkeit. Sein unausgesprochenes Motto ist ein permanentes „Wir (Gottes Leute) gegen die anderen" (das nennt man heutzutage *othering*, diese Grenzziehung zwischen denen, die dazugehören, und den „anderen"). Das ist eine Identität, die vor allem über Abgrenzung und Ausgrenzung funktioniert.

„Für Jona ist Ninive ein hoffnungsloser Fall, reif zur Vernichtung".[12] Genauer gesagt: „Ninive ist ein hoffnungsloser Fall, solange es sich selbst überlassen bleibt".[13] Aber Gott überlässt Ninive nicht sich selbst! Er setzt alles in Bewegung, um Ninive einen neuen Start zu ermöglichen! „Gott will Ninive befreien vom Fluch der Selbstzerstörung".[14]

Aus Gottes Sicht sind – wie sich in 4,11 zeigt – in der Stadt Ninive viele Menschen, die ihre Fragen und Probleme haben, die orientierungslos sind, die sich selbst und anderen das Leben schwer machen. „Gott will einen Bußprediger, weil seine Liebe immer noch größer ist als sein Zorn".[15] Gott schickt Jona nach Ninive, weil er Mitleid mit den Menschen in Ninive hat.

Nur: Jona sieht es überhaupt nicht ein, Nichtjuden dabei zu helfen, den einzig wahren Gott kennenzulernen. Das ist immerhin *Israels* Gott! Jona gefällt das nicht. Er sagt Gott vielleicht: „Du setzt da irgendwie an der falschen Stelle an! Du musst dich doch um *deine* Leute kümmern! Wir gehören zu dir! Du bist *unser* Gott!

Gott, nur zur Erinnerung: *Wir* sind dein Volk! Das heißt doch: Unsere (potentiellen) Feinde sind dann doch auch deine Feinde!"

Jona kriegt es in seinen Kopf nicht rein: Warum will Gott sich um ein Volk kümmern, das schon bald Israel angreifen und vernichten könnte? Von den Assyrern geht in der Tat eine ganz reelle und greifbare Gefahr für Israel aus. Das ist ohne jede Frage eine unberechenbare Großmacht, die Israel permanent in seiner Existenz bedroht! Jona fragt sich: „Warum ist Gott Ninive auf einmal so wichtig? Freundet er sich gerade mit unseren Feinden an? Was wird dann aus uns? Sind wir ihm dann nicht mehr so wichtig?"

Gottes Weite und Weitherzigkeit überfordern Jona. Jona hält Gottes Mitleid mit Ninive nicht aus. Das ist für ihn eine Zumutung! Jona weigert sich, Gottes Liebe mit Heiden zu teilen. Er hat Angst, dass dann Israels Sonderrolle futsch ist. Dass Gottes auserwähltes Volk dann nur noch ein Volk unter vielen ist, die Gottes Zuwendung und Aufmerksamkeit genießen.

Deswegen flieht Jona im Frachtschiff Richtung Westen vor Gott. Eigentlich weiß er selbst schon vorher, dass das nicht funktionieren kann. Sicherlich ist ihm bewusst, dass Gott überall gegenwärtig ist (1,9; vgl. Ps 139, Am 9,2–4). Seine Flucht erinnert mich an ein Kind, das sich die Augen zuhält und sich sicher ist, dass es dann auch kein anderer mehr sehen kann …

Das Buch Jona zeigt im weiteren Verlauf: Gott geht das ziemlich gegen den Strich, wenn sich allzu selbstsichere Gläubige für ihre enge, ausgrenzende und verurteilende Art auf ihn berufen. Es attackiert Jonas angenehme Gewissheit, genau zu wissen, wer Freund und Feind ist. Es löst die Sicherheit in Luft auf, dass er selbst natürlich zu den Guten, zu Gottes Freunden zählt und dass Gott die gleichen Feinde hat wie er.

In einem ersten Schritt hält Gott Jona zunächst einmal auf.

# Gott stoppt Jonas Flucht

...................................................................

> [4] *Da warf der HERR einen gewaltigen Wind auf das Meer,*
> *und es entstand ein großer Sturm auf dem Meer, so dass das*
> *Schiff zu zerbrechen drohte.* [5] *Da fürchteten sich die Seeleute*
> *und schrien um Hilfe, jeder zu seinem Gott. Und sie warfen die*
> *Geräte, die im Schiff waren, ins Meer, um ihre schwierige Lage*
> *zu erleichtern. Jona aber war in den untersten Schiffsraum*
> *hinabgestiegen, hatte sich hingelegt und schlief fest.*

...................................................................

Das ist schon eine kleine Machtdemonstration: Gott, Herr der
ganzen Welt, wirft mal eben einen Sturm aufs Mittelmeer. Wie
um kurz einmal deutlich zu machen, wer hier das Sagen hat...
Ganz unvermittelt schüttelt hoher Seegang das Schiff durch, auf
dem Jona schläft. Peitschende Wellen schlagen über die Reling.
Die Besatzung ist von jetzt auf gleich in höchster Seenot. Das
Schiff ist vom Kentern bedroht. Die Balken knarzen. Sogar das
Zerbrechen des Schiffs (das nicht wie heutzutage aus Metall her-
gestellt ist, sondern aus Holz) ist nicht auszuschließen.

Angesichts dieser Lage werden selbst die erfahrenen Seeleute
ganz bleich. Wenn das sogar ihnen Angst einjagt, muss es wirklich ernst sein. Vielleicht sind sie deshalb so erschrocken, weil
der Sturm wie aus dem Nichts kam, das ist außergewöhnlich! Sie
ahnen möglicherweise schon, dass höhere Mächte mit im Spiel
sind. Vielleicht kreisen bei den Matrosen schon die Gedanken:
Hat jemand von ihnen seinen Gott verärgert? Ist ein Verbrecher
an Bord, ein Mörder? Ein Gotteslästerer?

Mit einem Mal herrscht ein großes Durcheinander an Bord,
hektische Aktivität bricht aus. Verständlich: Schwimmwesten
sind noch nicht erfunden, ein Rettungsboot gibt es auch nicht.

In dieser Extremsituation sendet die Besatzung „SOS auf allen Frequenzen":[16] Jedes Mitglied der international bunt zusammengewürfelten Crew schickt ein Stoßgebet zu seinem Gott. Ihre Annahme: Es erhöht die Wahrscheinlichkeit einer Rettung, wenn man möglichst viele Götter parallel anspricht. Der Effekt allerdings ist überschaubar. „Kein Wunder", hätte Jona gesagt, wenn er wach gewesen wäre. Er hätte nur müde gelächelt: „Eure Götzen sind doch nur Produkte menschlicher Fantasie." Das stimmt sogar: An Bord kennt nur er den wahren Gott – aber er schläft.

## Jona verschläft alles

Jona bekommt von dieser bedrohlichen Situation gar nichts mit – entsprechend betet er auch nicht zu seinem Gott. Er schläft tief und fest. Er hat sich unmittelbar nach dem Einchecken nach ganz unten verkrochen, hat es sich in dem hintersten Winkel des Laderaumes bequem gemacht. Hat sich abgesondert von der Besatzung, die Kommunikation mit den anderen an Bord vermieden. (Hier auf dem Schiff ist Jona ja praktisch da, wo er nie hinwollte: unter Nichtjuden – wie in Ninive. Immerhin muss er hier niemandem eine göttliche Botschaft übermitteln...)

Die Seeleute versuchen derweil verzweifelt, das Schiff leichter zu machen, die Eintauchtiefe des Schiffs zu minimieren, indem sie die wertvolle Fracht, also alle Vorräte und Ware, über Bord werfen. So wollen sie erreichen, dass die Bordwand nicht von jeder Welle neu überrollt wird und dass weniger Wasser eindringt (vgl. Apg 27,18f.38). Heute funktioniert der internationale Handel über standardisierte Container und Normpaletten. Damals dienten eher Säcke, Kisten, Amphoren, Körbe und Fässer in unterschiedlichen Formen und Größen dem Warentransport. Sie enthielten kostbare Stoffe, begehrte Metalle, Olivenöl, Gewürze, edle Hölzer... Wenn eine Schiffsbesatzung kostbare Ladung, wegen der sie überhaupt diese gefährliche Reise riskiert, nur noch als Ballast ansieht – dann schätzt sie die Situation wirklich als dramatisch ein! Und der Einzige, der den wahren Gott kennt, schläft weiter tief und fest und hält sich fein aus allem raus.

## In die Realität zurückgeholt

...............................................................................................

*6 Da trat der Kapitän an ihn [Jona] heran und sagte zu ihm: Was ist mit dir, du Schläfer? Steh auf, ruf deinen Gott an! Vielleicht wird der Gott sich auf uns besinnen, so dass wir nicht umkommen.*

...............................................................................................

Der Kapitän geht herunter in den Laderaum – er will vermutlich schauen, wie viel Wasser schon eingedrungen ist. In einer Ecke entdeckt er den schnarchenden Jona, den etwas merkwürdigen Passagier. Jona liegt zusammengekauert im hintersten, unzugänglichsten Winkel – völlig unbeteiligt, isoliert vom Rest der Besatzung, als ginge ihn das alles gar nichts an.

Und es folgt die Szene, mit der wir zu Beginn des Kapitels eingestiegen sind: Die laute Stimme des Kapitäns lässt Jona zusammenzucken. Er schreit: „Nicht schlafen! Du musst beten!"

Hat Jona einfach die Ruhe weg und Nerven aus Stahl? Nein, Jona schläft eher wie betäubt, blendet die Wirklichkeit aus. Das ist eher ein „depressives ‚Nichts-mehr-hören-noch-sehen-Wollen'".[17] Doch der Kapitän reißt ihn endgültig aus seinen Träumen, zerrt ihn hoch: „Steh auf! Du musst beten! Wie kannst du in so einer Situation schlafen?"

Der Kapitän bringt ihn zurück in die Realität, rüttelt ihn wach! Und Jona realisiert, wo er ist, in welcher Lage er steckt. Der Kapitän ruft Jona zu: „Steh auf" – und das ist ein Déjà-vu für Jona, das ihn zusammenzucken lässt – das ist nämlich im hebräischen Grundtext exakt die gleiche Formulierung wie in Gottes Auftrag in Vers 2! Verkehrte Welt: Er als Prophet sollte Gottes Stimme sein bei Nichtjuden, jetzt kommen Gottes Worte auf einmal aus dem Mund eines Nichtjuden...

Der Kapitän fordert Jona auf, zu seinem Gott zu beten: „Vielleicht hilft uns dein Gott, dass wir das hier überleben! Keine Ahnung, an wen du glaubst – aber bitte ihn um sein Eingreifen!" Die vage Hoffnung des Kapitäns: Vielleicht kennt der seltsame Passagier einen anderen bzw. den „zuständigen" Gott, der helfen kann und will. Er will alle Möglichkeiten ausschöpfen. Menschlich ist eine Lösung in dieser existentiellen Notsituation jedenfalls nicht mehr zu erreichen.

Jona soll also beten. Tut er aber nicht. Im Text folgt auf die Aufforderung des Kapitäns nur vielsagendes Schweigen... Vielleicht läuft Jona wenigstens rot an. Wie soll er das dem Kapitän auch erklären, dass zwischen ihm und seinem Gott... na ja... gerade Funkstille herrscht? Er kann doch jetzt nicht Kontakt zu seinem Gott aufnehmen – er ist doch gerade auf der Flucht vor ihm! Würde er der Aufforderung des Kapitäns nachkommen, wäre seine Flucht beendet, wäre das seine Kapitulation. Er ist noch nicht so weit. Also beten alle, nur Jona nicht. (Jona als seltsam unbeteiligter und außenstehender Beobachter, geprägt von einer gewissen Gleichgültigkeit: Diese Haltung wird uns später in der Geschichte noch einmal begegnen...)

Aber Jona merkt langsam auch: Er hat die Situation nicht mehr unter Kontrolle. Ihm wird klar: Gott ist hinter *ihm* her. So hatte er sich sein Ende wohl nicht vorgestellt. Inmitten einer internationalen Crew voller Nichtjuden, also umgeben von der nichtfrommen Welt, die er immer auf Abstand halten wollte. Was ihn am meisten ärgern muss: Er selbst ist das Problem – nicht die „gottlosen Heiden".

## ZUM WEITERDENKEN:
### Wach sein für die Nöte der Menschen

Das finde ich so spannend: Die Matrosen kämpfen gegen den Sturm, während Jona unter Deck schnarcht. Sie suchen verzweifelt und vergeblich Kontakt zu irgendwelchen Göttern. Und Jona schläft tief und fest.

Manchmal, fürchte ich, schlafen auch heute ganze Gemeinden, während um sie herum Menschen verzweifelt gegen die Stürme des Lebens kämpfen. Wir Christen halten uns manchmal wie Jona aus allem fein raus, kümmern uns nicht um Probleme unserer Umgebung und um die Not derer, die Gott nicht kennen. Um uns herum sind Leute, die in ihrer Verzweiflung Halt und Hilfe in den abstrusesten Sachen suchen – und wir sind im Tiefschlaf. Wir, die wir den wahren Gott kennen, verkriechen uns eher nicht im Laderaum eines Holzschiffes, aber vielleicht im Hobbykeller oder ziehen uns zurück in die Dauerberieselung vor dem Bildschirm, flüchten in den Job oder noch schlimmer, ziehen uns zurück in Kirchengebäude und Gemeindezentren, bleiben weitgehend „unter uns". Dann sind wir Christen, die ihren Auftrag nicht leben!

Aber manchmal werden wir wachgerüttelt wie Jona. 2020 und 2021 hat die Corona-Pandemie viele Gemeinden durchgeschüttelt. Das schöne Gemeindezentrum funktionierte auf einmal nicht mehr als Rückzugsort. Und viele Kirchen und Gemeinschaften wurden sensibilisiert für das ungewohnte Gefühl vieler Menschen, das Leben nicht mehr richtig unter Kontrolle zu haben. Viele Gemeinden öffneten sich per Videostream und *Social Media* nach außen, wurde online zugänglich wie nie zuvor, griffen virulente Themen auf.

Bin ich wach für die Nöte der Menschen in meinem Umfeld? Weiß ich, wer gerade in einer schwierigen Lage steckt?

## Ursachenforschung

..................................................................................

*[7] Und sie [die Besatzungsmitglieder] sagten einer zum anderen: Kommt und lasst uns Lose werfen, damit wir erkennen, um wessentwillen dieses Unglück uns trifft! Und sie warfen Lose, und das Los fiel auf Jona. [8] Da sagten sie zu ihm: Teile uns doch mit, durch wessen Schuld dieses Unglück uns trifft! Was ist dein Beruf [wörtlich: deine Sendung oder deine Arbeit], und woher kommst du? Was ist dein Land, und von welchem Volk bist du?*

..................................................................................

Nun wird die Situation für Jona immer bedrohlicher: Die Schiffsbesatzung hegt nämlich längst den Verdacht, dass hier etwas nicht stimmt. Es muss irgendwie mehr dahinterstecken! Die Götter sind auf einen von ihnen sauer! Aber auf wen? Und warum? Ihr Lösungsansatz: Das Los soll den dafür Verantwortlichen an Bord identifizieren. Dann wollen sie nach dem „Verursacherprinzip" wenn möglich irgendwas unternehmen, damit sich die Folgen seiner Tat auf den Verantwortlichen beschränken[18] (vgl. das analoge Vorgehen in Josua 7!). Vielleicht kann dann wenigstens der Rest der Mannschaft überleben.

Die große Frage lautet also: Wer ist es, wegen dem alle vom Tod bedroht sind? Vielleicht dieser merkwürdige Passagier, der in Jafo zugestiegen ist und seitdem allen aus dem Weg geht? Das Los soll es zeigen! Beim Losen kommt den Göttern (so die Sicht der Besatzung) bzw. Gott (so die Sicht des Erzählers) die entscheidende Rolle zu. Man gibt – so der damalige Ansatz – Gott die Gelegenheit zu zeigen, wer schuld ist an der Misere.

Praktisch lief das zum Beispiel so ab, dass jeder ein Stäbchen zog und der, der „den Kürzeren zog" (also einen präparierten Stab zog, der sich von anderen abhob, etwa durch seine Länge), war als der gesuchte Schuldige identifiziert. Andere Methoden funktionierten so, dass jeder einen Stein oder ein kleines Täfelchen zog – wer den markierten Stein oder das beschriftete Täfelchen zog, war ganz offensichtlich derjenige, um den es ging. Denkbar war auch die Variante, dass die Namen aller Leute an Bord aufgeschrieben wurden und dann einer aus dem Lostopf gezogen wurde.

Jona macht sich jetzt ganz klein. Er will natürlich weiter im Hintergrund bleiben. Ein bisschen versucht er sich vielleicht einzureden, dass die Matrosen sicherlich auch einiges auf dem Kerbholz haben. „Hier ist doch keiner der Matrosen ohne Schuld. Wenn ich alleine an den Preis denke, den der Kapitän mir abgeknöpft hat ... Als ob die anderen nicht auch Grund genug hätten, nervös zu sein!" Jonas Ansatz: Erst einmal die Füße ruhig halten. Aber er ahnt vermutlich schon, auf wen das Los fallen wird.

## Jona muss Rede und Antwort stehen

Und tatsächlich: Jona wird als die entscheidende Figur identifiziert, die an dem ganzen Schlamassel schuld ist. Er ist entlarvt als derjenige, der verantwortlich ist dafür, dass dieser ungewöhnliche Sturm das ganze Schiff mitsamt der Crew in Gefahr bringt. Eben noch hat sich Jona in der letzten Ecke verkrochen, jetzt steht er unfreiwillig im Zentrum der Aufmerksamkeit. Nun ist allen und sogar ihm endgültig klar: Er ist die Schlüsselfigur dieser kritischen Situation.

Und die Crew hat Klärungsbedarf! Sie will verstehen, worum es eigentlich geht. Die Matrosen starten ein Verhör, um Jona zum Sprechen bringen. Sie bestürmen ihn mit Fragen zu seinem Beruf, seiner Herkunft und Zugehörigkeit – also zu seiner Person, zu seiner Identität, seinem Glauben (er hatte wohl anonym eingecheckt).

Man darf sich das nicht allzu strukturiert vorstellen: Auf Jona prasseln viele Fragen gleichzeitig ein, die Fragen überschneiden sich, das ist ein wildes Durcheinander: „Warum sind wir in diese Gefahr geraten? Was hast du ausgefressen?" – „Wer bist du überhaupt?"– „Was machst du beruflich?" – „Zu welchem Volk gehörst du, wo ist deine Heimat?" Sie sind immer noch in akuter Seenot, halten sich irgendwo halbwegs fest und schreien gegen den Wind an. Es geht immer noch ums Überleben!

Die Besatzung will vor allem wissen, wer Jona eigentlich ist, wo er herkommt. Die Matrosen haben längst gemerkt: Das ist kein Seemann – aber auch kein Kaufmann! Was ist er dann? Ein Verbrecher auf der Flucht? Das wäre eine plausible Erklärung, warum Gott das ganze Schiff wegen eines einzelnen Passagiers aufhält!

Jona wirkt durch die Fragen in die Enge getrieben. Man hat den Eindruck, dass ihm alle Infos einzeln aus der Nase gezogen werden müssen. Doch dann holt er tief Luft und fängt endlich an zu reden.

## Jonas Glaubensbekenntnis – reine Theorie

........................................................................

*⁹ Und er sagte zu ihnen: Ich bin ein Hebräer, und ich
fürchte den HERRN, den Gott des Himmels, der das Meer*

*und das trockene Land gemacht hat. [10] Da fürchteten*
*sich die Männer mit großer Furcht und sagten zu ihm:*
*Was hast du da getan! Die Männer hatten nämlich*
*erfahren, dass er vor dem Angesicht des HERRN auf*
*der Flucht war, denn er hatte es ihnen mitgeteilt.*

..................................................................................

Das hat jetzt was von einer improvisierten Pressekonferenz. Jona muss Rede und Antwort stehen, seine Identität enthüllen, den Hintergrund erläutern. Und Jona beginnt mit einer Offenlegung seiner Religion. An welchen Gott er glaubt, hatten die Männer ihn zwar nicht explizit gefragt, nationale und religiöse Identität waren in der damaligen Zeit jedoch eng verwoben. Die Information bezüglich seines Glaubens erscheint Jona am wichtigsten: Seine persönliche Identität ist halt wesentlich geprägt durch die Zugehörigkeit zu Gottes Volk, dieses Alleinstellungsmerkmal ist sein Egobooster.

Und Jona erklärt ihnen im selben Atemzug, mit wem die Matrosen es in diesem Sturm *wirklich* zu tun haben. Er macht klar, dass sein Gott hinter dieser herausfordernden Situation steckt – und dass der unvergleichlich und einzigartig ist. Eigentlich sogar der einzige wirkliche Gott. Die unausgesprochene Botschaft seiner Ansage: Die Gebete der Besatzung zu anderen Götzen werden ihnen nicht helfen. Nur er kennt den, der das Sagen hat über Land und Meer.

Vers 10 erwähnt beiläufig, dass Jona viel ausführlicher geantwortet hat als hier zitiert, die „Furcht" der Seeleute erklärt sich nur, wenn er ihnen den Zusammenhang erklärt und von seinem Fluchtversuch berichtet hat.

Jonas wörtlich berichtetes Glaubensbekenntnis ist – stellt man Worte und Taten nebeneinander – nicht mehr als eine Ansammlung von Phrasen, Floskeln und Plattitüden, faktisch ist es bedeutungslos für ihn, ein Lippenbekenntnis. Er kann es noch im Halbschlaf auswendig aufsagen, es bleibt aber reine Theorie. Sein an sich ja korrektes, aber sein Leben nicht berührendes Glaubensbekenntnis ist sein Offenbarungseid. Seine Ausführungen passen vorne und hinten nicht zu seinem Verhalten, zu seiner Lebenswirklichkeit: Gott hat Macht über Meer und Land – also überall. OK, aber warum glaubt er dann, diesem Gott auf dem Seeweg entkommen zu können?! „Auf diese grandiose Idee muss man erst mal kommen...", stöhnt vielleicht ein Matrose bei Jonas Erklärungen.

Jona schafft es sogar noch, sein Geständnis mit überdimensioniertem Selbstbewusstsein vorzutragen, es ist geprägt von einem hochnäsigen, selbstgefälligen Unterton: „Ich diene nicht Götzen wie ihr, ich fürchte den einzig wahren Gott!" Die Matrosen können es nicht fassen: „Du meinst wohl: Ich *flüchte* vor dem einzig wahren Gott?!" Sie merken sofort: Da fehlt der Zusammenhang von theoretischem Wissen und Bedeutung für das reale Leben. Jonas Herz schlägt nicht im Gleichklang mit Gottes Herzen – aber es bleibt unklar, ob Jona selbst hier überhaupt schon den Widerspruch begreift.

Die Besatzung steht erkennbar unter der Wirkung von Jonas Erläuterungen. Ihnen wird gleich einiges klar: Wenn Jonas Gott alleiniger Gebieter über Meer und Festland ist, dann ist ein Sturm auf Knopfdruck für ihn auch kein großes Thema. Und: Jona ist eindeutig Teil des Problems, nicht Teil der Lösung. Genauer: Jona ist der Kern des Problems, ohne ihn wären sie nie in diese Lage gekommen!

Verzweifelt rufen sie: „Wo hast du uns hier mit reingezogen?!" – „Wir sind in einem Boot mit einem, der sich mit Gott angelegt hat – und werden vermutlich mit ihm untergehen!" Und jetzt?

## Jona gibt (sich) auf

........................................................

*[11] Und sie sagten zu ihm: Was sollen wir mit dir tun, damit*
*das Meer uns in Ruhe lässt? – Denn das Meer wurde*
*immer stürmischer. [12] Da sagte er zu ihnen: Nehmt mich*
*und werft mich ins Meer! Dann wird das Meer euch in*
*Ruhe lassen; denn ich habe erkannt, dass dieser große*
*Sturm um meinetwillen über euch gekommen ist.*

........................................................

„Jona ist das Problem, was aber ist die Lösung?",[19] fragen sich die
Besatzungsmitglieder. Und sie stellen Jona diese Frage direkt ins
Gesicht, weil er diesen Gott bei aller Meinungsverschiedenheit ja
immer noch am besten kennt. Welche Ironie: Gottes flüchtiger
Diener ist plötzlich wieder als Prophet gefragt, und dann auch
noch von Nichtjuden ...

Endlich rafft Jona – mittlerweile ganz schön durchgeschüttelt –
sich auf, mit den aus seiner Sicht Ungläubigen zusammenzuarbei-
ten. Und er macht deutlich, dass immer noch ein Prophet in ihm
steckt: Er kann die Situation treffend deuten und etwas voraussa-
gen, was dann auch tatsächlich eintreffen wird.

Für ihn ist sein Lösungsvorschlag leider wenig verlockend. Er
sieht für sich keinen Ausweg mehr und fasst für alle zusammen:
„Das ist eine Sache zwischen Gott und mir. Ihr habt damit nichts
zu tun. Wenn ihr euer Problem loswerden wollt, müsst ihr mich
loswerden. Ich bin die Ursache für eure Schwierigkeiten. Schmeißt
mich ins Meer! Ich habe es nicht anders verdient!"

Warum will Jona sich ins Meer werfen lassen? Jona ist aus seiner
Sicht, mit seinem Gottesbild schlicht konsequent. Er ist überzeugt
davon, dass Schuld bestraft werden muss. Und ohne jeden Zweifel
ist er schuldig – er hat den Auftrag seines Gottes missachtet. Er

betrachtet den Tod jetzt als unvermeidliche Konsequenz seines Verhaltens. Jona denkt vermutlich: „Ich sterbe sowieso, so kann ich wenigstens die anderen retten." Der Schuldige – also er – wird seiner Strafe zugeführt, die Unschuldigen überleben.

Jona sieht also seinen Fehler und die Ausweglosigkeit seiner Flucht ein. Aber es kommt immer noch kein Schuldbekenntnis über seine Lippen, kein Gebet mit der Bitte um Vergebung, keine Bitte um Rettung für ihn oder die Mannschafft, keine Frage nach Gottes Willen, kein Gelübde, jetzt doch Gottes Beauftragung umzusetzen.

Jona sieht sich in einer ausweglosen Lage, aber er kommt nicht auf die Idee, umzudenken. Er ist in der Sackgasse, weigert sich aber weiterhin, umzukehren. Lieber fordert er die Crew auf: „Nehmt mich, werft mich über Bord. Dann hat Gott erreicht, was er will: mich bestrafen. Dann hört der Sturm für euch auf."

Er offenbart damit ein übel verzerrtes Gottesbild: Er behauptet allen Ernstes, Gott wäre erst zufrieden, wenn er, Jona, tot sei! Gott hat ihn – so sein Tenor – mit dem Sturm gestoppt, um ihn endgültig zu vernichten! Im weiteren Verlauf des Jona-Buchs wird deutlich, wie schlecht der Prophet dann doch seinen eigenen Gott kennt, wie wenig er selbst nach jahrelanger Zusammenarbeit dessen eigentliche Motive versteht.

Hier ist die Lage für ihn jedenfalls – wie meist bei Jona – eindeutig und klar: Er kann nicht mit dem Überleben rechnen, auf ihn wartet der sichere Tod. Jona hat nur noch den Wunsch, dass einfach alles schnell vorbei ist. Dass diese Horror-Geschichte gleich beendet ist.

*¹³ Und die Männer ruderten mit aller Kraft, um das Schiff
ans trockene Land zurückzubringen. Aber sie konnten es
nicht, weil das Meer immer stürmischer gegen sie anging.*

Die Crew geht auf Jonas Angebot, ihn als Problemfall über Bord
zu werfen, erst einmal nicht ein. Sie hat Skrupel, will kein Menschenleben opfern, nicht schuld sein am Tod eines Menschen.
Schiffsbesatzungen werfen nur Leichen über Bord, keine lebendigen Menschen. Die Seebestattung eines Lebenden ist für sie keine
Option.

Mehr noch: Die Matrosen fühlen sich seltsamerweise verantwortlich für Jona, sie engagieren sich für ihn. Sie unternehmen
einen letzten Versuch, sich und Jona aus der lebensbedrohli-
chen Lage zu befreien. Wegen des Sturms sind die Segel längst
eingezogen oder zerstört. Jetzt kommen die Ruder zum Einsatz.
Die Männer stemmen sich mit aller Kraft gegen den Sturm – sie
wollen irgendwie das rettende Ufer erreichen. Sie geben alles,
scheitern aber endgültig.

## Vorsichtige Kontaktaufnahme

*¹⁴ Da riefen sie zum HERRN und sagten: Ach, HERR,
lass uns doch nicht umkommen um der Seele dieses
Mannes willen und bringe nicht unschuldiges Blut über
uns! Denn du, HERR, hast getan, wie es dir gefallen hat.
¹⁵ᵃ Und sie nahmen Jona und warfen ihn ins Meer.*

Alle Informationen zu Gott hat die Crew von einem desertierten Propheten erhalten. Aber die vermutlich nicht gerade frommen Seeleute nehmen Jonas Gott ernster, als dessen eigener Prophet es tut! Jona macht immer noch keine Anstalten, Kontakt mit seinem Gott aufzunehmen – dann wenden sie sich halt selber an Jonas Gott! Von Jona haben sie seinen Namen „Jahwe" gehört und gelernt.

Zu Jonas Gott beten die Besatzungsmitglieder, ihn sprechen sie direkt an. Sie sehen nämlich in einem Punkt noch Klärungsbedarf: Die Besatzungsmitglieder wollen sich keinen Ärger einhandeln mit Jonas Gott. Wenn der wirklich so mächtig ist, wie Jona es ihnen erzählt, wollen sie sich zwar an die Empfehlung des Propheten halten, ihn also tatsächlich über Bord werfen, aber gleichzeitig sichergehen, damit nichts Falsches zu machen. Sie wollen nicht schuldig werden, kein Menschenleben auf dem Gewissen haben.

Mit anderen Worten beten sie: „Gott, wenn du Ärger mit diesem Jona hast, dann tut uns das wirklich leid, aber was können wir dafür? Wir übergeben Jona jetzt dem Meer – also einem Bereich, über den du herrschst. Eigentlich herrschst du ja Jona zufolge ohnehin über die ganze Welt! Wie auch immer: Wir wissen uns jetzt wirklich nicht mehr anders zu helfen. Wir übergeben Jona jetzt dir und deinem Urteil. Wir wollen das eigentlich nicht, aber du lässt uns ja keine Wahl! Bitte verschone uns wenigstens! Was immer zwischen euch steht: Wir haben damit doch nichts zu tun!"

Jona erlebt hier auf dem Schiff, was er in Ninive nie hatte erleben wollte: dass Gott unter Nichtjuden wirkt, dass Nichtjuden sich bekehren, seinen Gott „fürchten", Kontakt zu ihm aufnehmen und Jona dabei sogar an Frömmigkeit übertreffen. Interessant: Ihre je eigenen Götter spielen auf einmal keine Rolle mehr! Das alles müsste ihn und seinen frommen Stolz eigentlich ganz schön irritieren…

Letztlich hilft alles nichts, die Besatzung hat alle Optionen vergeblich probiert – aber der Sturm wütet weiter, die Situation lässt sich nicht entschärfen. Die Crew merkt: Wenn Gott höchstpersönlich dahintersteckt (das hat das Los gezeigt und Jonas Bericht bestätigt), kann man nichts machen... Die Matrosen fügen sich schließlich ins Unabänderliche und gehen dann doch so vor wie von Jona vorgeschlagen. Sie packen Jona an den Armen und Beinen und werfen ihn über die Reling. Ihnen allen ist dabei klar: Der wird jämmerlich ertrinken. Sie übergeben ihn dem sicheren Tod. Das ist Jonas Ende. Das war's für ihn. Jona versinkt im Meer, geht unter in den Wellen – und Ruhe kehrt ein. Der Sturm legt sich sofort.

## Verbindung hergestellt

..............................................................................

*15b Da ließ das Meer ab von seinem Wüten. 16 Und die Männer fürchteten den HERRN mit großer Furcht, und sie brachten dem HERRN Schlachtopfer dar und gelobten ihm Gelübde.*

..............................................................................

Nicht nur der Sturm, auch die rauen Gesellen an Bord werden ganz stumm – so etwas haben sie noch nicht erlebt. Sie merken: Hier hat Gott ein Zeichen gesetzt. So plötzlich wie der Sturm aufkam, so plötzlich ist er jetzt wieder verschwunden, sobald Jona im salzigen Mittelmeer untergegangen ist.

Die Matrosen haben tierisch Respekt vor Jonas Gott – und opfern ihm das unter den gegebenen Umständen mögliche Dankopfer. Es bleibt dabei etwas unklar, wie man an Bord eines Holzschiffes ein Schlachtopfer darbringen kann. Vielleicht in einer Art Feuerschale? Möglicherweise hatte die Besatzung tatsächlich

„opferfähige" Tiere, vielleicht Schafe oder Ziegen, als lebenden Lebensmittel-/Fleischvorrat für die lange Reise an Bord. Es ist aber auch denkbar, dass sie ihr Opfer erst später auf dem Festland darbrachten. Wie auch immer: Gottes Eingreifen ist jedenfalls so offenkundig und so eindrücklich, dass die Besatzung auf ihre Weise einen improvisierten Dankgottesdienst feiert.

Die nicht gerade frommen Seeleute entpuppen sich als religiös ziemlich sensibel. Eigentlich hätte man ja erwartet zu lesen: „Sie freuten sich mit großer Freude", stattdessen steht hier: Sie „fürchteten den HERRN mit großer Furcht"...[20] (Ähnliches findet sich in der Bibel auch bei zwei weiteren Szenen mit Wasserbezug, vgl. 2Mo 14,31 und Mk 4,41). Sie haben tief empfundene Ehrfurcht vor dem großen, heiligen, überlegenen Gott.

Eben betete noch jeder Seemann zu seinem Gott, jetzt bildet die Crew eine große Gebetsgemeinschaft vor dem Gott Israels und feiert einen spontanen Dankgottesdienst. Vielleicht ist es ganz gut, dass Jona – inzwischen längst unter Wasser – das nicht mehr sehen kann. Der hätte sich nur aufgeregt: Das Opfer entsprach definitiv nicht den Vorschriften, die besagen nämlich, dass Opfer zwingend in Jerusalem stattfinden mussten. Und Opfern ist zudem ausschließlich die Aufgabe der Priester.

Gott ist das offensichtlich egal, er akzeptiert das Opfer der Schiffsbesatzung. Die Besatzungsmitglieder machen das halt auf ihre Weise, ehrlich, authentisch und ein wenig unorthodox. Gott hat da ein weites Herz! Er hat einen Blick für die Situation. Ihm geht es um die Menschen.

## ZUM WEITERDENKEN:
### Unkonventionelle Annäherungen

Wenn Menschen in unserem Umfeld Gott suchen, nimmt das manchmal auch erst einmal ziemlich unkonventionelle Formen an. Das macht nichts. Ich erinnere mich gut an einen jungen Mann, der gerade erst zum Glauben gefunden hatte und Gott im Gebet immer mit „Ey Kumpel, ich muss dir was sagen…" ansprach. Das ist OK. Nicht jeder findet auf Anhieb die aus unserer Sicht „richtigen" Formen und Formulierungen. Es gibt viele Wege, den Glauben zu artikulieren oder zu feiern. Das ist nicht automatisch unpassend, nur weil es nicht in der Art und Weise geschieht, die wir vielleicht passend finden oder gewohnt sind. Unsere Vorstellungen von Stil, Form und Ablauf können manchmal auch zu eng und festgefahren sein. Gott hat ein großes Herz. Habe ich auch ein großes Herz, gerade bei Äußerlichkeiten und ganz besonders bei Menschen, die gerade erst beginnen, mit Jesus zu leben?

Die Männer versprechen weitere Opfer und eine Änderung ihres Lebens; sie binden sich mit Gelübden dauerhaft an den einen wahren Gott. Die ganze Mannschaft steht unter dem Eindruck der Ereignisse.

Das, was Jona mit allen Mitteln verhindern wollte, ist also schon eingetreten, bevor er auch nur einen Fuß auf Ninives Stadtgrenze setzte: Nichtjuden finden zu seinem Gott, dem Gott Israels. Ganz nebenbei nutzt Gott Jonas Flucht, eine ganze Schiffsbesatzung zum Glauben zu führen.

## ZUM WEITERDENKEN:
### Auch ein unperfekter Bote kann ganz hilfreich sein

Als der Kapitän Jona weckt und rauszerrt, als der endlich redet, sich öffnet, von dem wahren Gott erzählt, auch von seinen Fehlern, von der Vorgeschichte – da haben seine Worte eine enorme Wirkung.

Jona war definitiv kein perfekter Bote, aber die Botschaft kam an. Die Besatzungsmitglieder fühlen sich im Innersten angesprochen! Die Crew weiß von Gott nur das, was Jona ihnen sagt. Aber das ist genug! Wenige Informationen zum richtigen Zeitpunkt, eine einzige Erfahrung mit dem lebendigen Gott – das reicht, und eine ganze Schiffsbesatzung öffnet sich Gott. Daher ist es auch so entscheidend, dass er endlich seinen Mund aufbekommt!

Wenn wir heute in entscheidenden Situationen unseren Mund aufbekommen, von unserem Gott reden, auch von unseren Fehlern und ungelösten Problemen, dann können auch unsere Worte eine enorme Wirkung haben. Wir sind ebenfalls keine perfekten Boten. Aber das ist zweitrangig; Gottes Botschaft kommt ohne uns vielleicht gar nicht an. Und wenn wir über unseren Glauben sprechen, fühlen sich nicht immer, aber immer wieder Menschen unmittelbar angesprochen.

Fällt es mir leicht, in passenden Situationen meinen Glauben zu thematisieren? Wenn nein: Was hemmt mich?

................................................................

„Der Herr lasse eure Liebe zueinander
und zu allen Menschen wachsen und überströmen!"
(1Thess 3,12 GNB)

# Denkpause (Jona 2)

„Alles, was wir in der Bibel an Strafen Gottes kennen und benennen,
ist bei Lichte besehen nichts weiter
als ein Festschreiben der Folgen dessen, was Menschen tun,
wenn sie unbedingt denn dabei bleiben wollen;
dann allerdings müssen sie ernten, was sie säen."

*Eugen Drewermann*[21]

„Ohne die Buße der Kirche gibt es keine Buße der Welt."

*Ernst Lange*[22]

Seit fast zwanzig Jahren kenne ich einen Mann, der in mancherlei Hinsicht ein Vorbild für mich geworden ist. Nennen wir ihn hier einmal Herbert. Der hat auch seine Macken, klar – wer hat die nicht. Aber was ihn auszeichnet: Er hat eine angenehme Ausstrahlung, eine positive Auswirkung auf sein Umfeld. Er ist unfassbar hilfsbereit und engagiert für andere. Er ist immer herzlich und sehr großzügig anderen gegenüber. Er ist wie wenige andere an Menschen interessiert – wenn man ihn trifft, will er immer wissen, wie es einem geht. Also, er will es *wirklich* wissen, das ist bei ihm nicht nur eine Floskel!

Während einer längeren Autofahrt kamen wir einmal tiefer ins Gespräch, und er gewährte mir einen Einblick in seine Biografie: „Ich war früher ein anderer Mensch. Ich hatte richtig viel Geld, mehrere Autos, ein großes Haus, ein Ferienhaus, ein Boot, ich hatte einfach alles. Und ich dachte: Das habe ich mir auch verdient. Ich war ein reicher, arroganter Sack." (Ehrlich gesagt benutzte er ein noch härteres Wort.) „Ich war eingebildet, überheblich und egoistisch. Sehr von mir überzeugt und wenig an anderen interessiert."

Er holte tief Luft, bevor er weitererzählte: „Gott musste mir alles nehmen – meinen Job, mein Geld, meine Häuser, meine Autos, mein Boot –, um mir meine Arroganz zu nehmen. Der Absturz damals war für mich eine große Katastrophe. Heute würde ich sagen: Gott hat mich durch meine Pleite wieder auf den Boden geholt. Meine Insolvenz hat einiges in mir zum Guten verändert."

Wow, dachte ich: Lebenskrisen haben manchmal einen positiven Effekt. Krisenzeiten und Extremsituationen können dazu beitragen, dass Menschen reifen, weiterkommen.

Früher oder später steckt jeder einmal in einer belastenden Ausnahmesituation. Wenn wir in einer harten Lebensphase stecken, körperlich und psychisch an unsere Grenzen kommen, lauten die entscheidenden Fragen: Wie ordnen wir diese Zeit ein? Wie verarbeiten wir sie? Was machen wir daraus?

Die Jahre 2020 und 2021 werden für viele als die Jahre der Corona-Krise in Erinnerung bleiben. Die normalen Abläufe wichen angesichts des bedrohlichen Virus einem geradezu surrealen Ausnahmezustand. Meine fünfköpfige Familie musste in diesen Jahren mehrere Shutdowns (mit Schließung fast aller Geschäfte, Homeoffice und Ausgehverboten) und eine zweiwöchige Quarantäne aufgrund der COVID-19-Infektion meiner ältesten Tochter überstehen. Das war kein Vergnügen, es war ziemlich hart und nervenzehrend.

Trotzdem haben wir das Beste daraus gemacht: Wir haben mit Beginn der Quarantäne zum Beispiel erst einmal die Tischtennisplatte entstaubt, um in Bewegung zu bleiben. Wir haben ein Kinderzimmer frisch gestrichen. Meine Frau übte einzelne Passagen aus Bachs Wohltemperiertem Klavier und überzeugte uns regelmäßig, dass selbstgebackene Brötchen deutlich besser schmecken als gekaufte. Meine älteste Tochter verabredete sich per Facetime jeden Morgen um 6:00 Uhr zu einer gemeinsamen *prayer session* mit einer Freundin von der Nordseeküste. Meine andere Tochter brachte sich vor lauter Langeweile selbst das Bassspielen bei. Und mein Sohn lernte endlich meine Comic-Sammlung lieben und las sich durch alle meine *Asterix & Obelix*-Bände. Ich hatte, weil einige Termine ausfielen, auf einmal Zeit, ein paar Zeitschriften-Artikel fertigzustellen. Und das Buch, das du gerade in Händen hältst, ist tatsächlich auch eine Frucht dieser Zeit…

In allem Schlimmen versteckt sich etwas Gutes. Manchmal setzt Gott schwierige Lebensphasen ein, um bei uns eine Veränderung, einen Fortschritt, eine Klärung anzustoßen. Definitiv ist das bei Jona im großen Fisch so.

## Jona: Opfer seiner eigenen Theologie

Jona wünschte für das sündige Ninive die gerechte Strafe, den Untergang – und nun geht er selbst unter, nachdem die Matrosen ihn über Bord geworfen haben. Er versinkt im aufgepeitschten Mittelmeer. Das war's wohl.

Ob Jona in diesem Moment realisiert, dass er in gewisser Weise Opfer seiner eigenen Theologie wird? Eins seiner theologischen Prinzipien heißt ja auf den Punkt gebracht: Gott muss konsequent sein, Schuld gehört bestraft. Das Prinzip wendete er mit Vorliebe auf andere an. Jetzt betrifft es ihn auf einmal: Er ist schuldig geworden – er hat eine klare Anweisung Gottes bewusst ignoriert. Er hat versucht, vor Gott und seinem Auftrag zu fliehen. Aus Jonas Sicht ist sein bevorstehender Tod nun die unvermeidliche Strafe dafür. Das ist sein Denkmuster, auf ihn angewendet: Ich habe Mist gebaut – das ist jetzt die Quittung dafür.

Vielleicht gehen Jona in diesen Sekunden, in denen er immer tiefer im kalten Salzwasser untergeht, in denen er zunehmend Luftnot bekommt, blitzlichtartig Szenen des Alten Testaments durch den Kopf: Adam und Eva haben Gott enttäuscht und wurden, mit ihrer Sterblichkeit konfrontiert, aus dem Paradies vertrieben (1Mo 3). Kain erschlug seinen Bruder und wurde vom fruchtbaren Land und aus Gottes schützender Nähe vertrieben (1Mo 4,14). Zu Noahs Zeiten waren die Menschen so böse, dass Gott sie bis auf Noah und seine Familie mit der Sintflut auslöschte (1Mo 6–8). Die Städte Sodom und Gomorra waren so verdorben, dass Gott sie im Schwefel- und Feuerregen vollständig vernichtete (1Mo 19). Und jetzt, denkt Jona, jetzt bin ich reif. Tod durch Ertrinken, das ist jetzt meine Strafe.

Jona rechnet fest mit seinem Tod – aber Gott sagt: „Ich bin noch nicht fertig mit dir." Jona wollte lieber die Menschen in Ninive aufgeben als seine gewohnten Prinzipien. Gott gibt aber so schnell keinen auf: Ninive nicht – Jona aber auch nicht.

## Aus dem Verkehr gezogen

...................................................................................

¹ *Und der HERR bestellte einen großen Fisch,*
*Jona zu verschlingen; und Jona war drei Tage*
*und drei Nächte im Bauch des Fisches.*

...................................................................................

Gott dachte sich wohl: „Jona, du wolltest meinem Auftrag entgehen und untertauchen? Meinetwegen!" Und er „bestellt" ein Wassertaxi. Genauer gesagt: ein Rettungsboot, wie es an der deutschen Küste heutzutage die Seenotretter der DGzRS bereithalten, nur in einer tierischen Version: Gott beauftragt einen Fisch mit Jonas

Rettung. Der Fisch diskutiert im Gegensatz zu Jona auch nicht lange mit Gott. Der tut sofort, was Gott sagt.

Man kann sich das bildlich vorstellen: Der strampelnde, immer tiefer sinkende, um Atem ringende Nichtschwimmer Jona sieht auf einmal vor sich das riesige Maul eines unvorstellbar großen Fisches. Und der Fisch macht einmal „Haps" und verschluckt Jona mit Haut und Haaren.

„Das ist jetzt endgültig mein Ende!", denkt Jona sich, als er durch die dehnbare Speiseröhre rutscht. Vom Fisch verschluckt zu werden, das ist ja noch schlimmer als ertrinken! Er findet sich wieder in der übel riechenden Magensäure des Fisches, umgeben von Plankton. In völliger Dunkelheit.

„Stinkt das hier" – denkt er. Ihm wird richtig übel. Er fühlt überall nur warme Brühe und widerlichen Schleim. Ihm wird vielleicht etwas schwummrig, aber er bleibt bei Bewusstsein.

## Zwischen Leben und Tod

Und wie geht es jetzt weiter? Jona befindet sich irgendwo zwischen Leben und Tod. Eben noch hatte er den sicheren Tod durch Ertrinken vor Augen, er hatte faktisch mit dem Leben abgeschlossen. Jetzt ist er immerhin noch am Leben. Noch. Das ist mehr, als er eben noch erwarten konnte. Nein, das war nicht schön, von so einem Vieh verschluckt zu werden, aber ist man erst einmal drin, ist es ein *safe space*.

Aber Jona ist gleichzeitig immer noch in Unsicherheit und Lebensgefahr. Der Fischbauch ist für ihn Überlebensraum und Bedrohung zugleich! Er ist quasi „halb" gerettet: Zumindest nicht ertrunken – aber noch lange nicht außer Gefahr. Möglicherweise überlebt Jona, weil er in einer Art Luftblase steckt. Wie lange der Sauerstoff reicht? Ob die Verdauungssäfte ihn allmählich zersetzen? Wie auch immer: Er bleibt zunächst einmal unverdaut. Insofern bedeutet der Fisch für Jona „sozusagen Rettungsboot für den Schiffbrüchigen und Gefangenenwagen für den eingefangenen Ausreißer in einem".[23]

„Schach" – ruft Gott damit Jona zu. Und jetzt? Nein, er will nicht Jonas Tod. Er will ihm eine Denkpause verschaffen. Jetzt endlich hat Gott Jonas ungeteilte Aufmerksamkeit. Jetzt im Fischbauch hat Jona Zeit, nachzudenken – er ist drei Tage aus dem Verkehr gezogen. (Damit ist nicht unbedingt ein Zeitraum von exakt 72 Stunden gemeint, Israeliten zählten jeden angefangenen Tag als vollen Tag mit.)

Jona hatte – seiner Theologie folgend – damit gerechnet, als Strafe für seinen Ungehorsam jämmerlich ertrinken zu müssen. Nun hat er zumindest Zeit bekommen, eine Gnadenfrist – wie Gott sie für Ninive vorgesehen hatte! Nutzt Jona diese extreme Situation, diese Zwangspause?

### Gott treibt Jona in die Enge

Ich hatte die Jona-Geschichte lange als eine Art Armdrücken zwischen Gott und Jona verstanden, als eine Art Machtkampf, in dem Gott sagt: „Jona, du gehst nach Ninive!", Jona trotzig erwidert: „Nein!", und sich am Ende zeigt, wer der Stärkere ist, weil Gott sich durchsetzt und Jona seinen Willen aufzwingt. Aber das stimmt nicht. Es geht eben nicht darum, wer gewinnt, Gott oder Jona. Es geht darum, dass Gott *Jona* für seine Art, für seine Gnade, seine Weite gewinnen will. Jona soll nicht Gehorsam lernen, sondern Liebe!

Gott hat Jonas enges Herz wahrgenommen, seinen engen Horizont: Jona wünscht sich einen harten, konsequenten (also im Zweifel auch unbarmherzigen) Gott anderen gegenüber. Insbesondere den assyrischen Niniviten gönnt Jona Gottes Gnade nicht. „Das haben die nicht verdient! – Feuer vom Himmel und fertig!"

Gott will Jona bewusst machen, was sein Gottesbild, seine Theologie konkret bedeutet. Und zwar für ihn selbst! Gottes Vorgehen, Gottes Taktik bei Jona ist bemerkenswert: Er will, dass Jona das selbst am eigenen Leib erfährt, was er den Menschen in Ninive zumuten will! Gott sorgt dafür, dass Jona in eine aussichtslose Lage gerät, dass sein Horizont auf null schrumpft. Jona kauert im Fischmagen im Dunkeln, ohne jede Aussicht, ohne einen Funken Licht. Gott treibt Jona in die Enge, damit ihm seine geistliche Enge, sein begrenzter Horizont, seine gedanklichen Scheuklappen bewusst werden. Am eigenen Leib erlebt Jona hier, was das heißt, von Ausweglosigkeit, Perspektivlosigkeit und Hoffnungslosigkeit betroffen zu sein. Jona soll in der Einengung Sehnsucht nach einer Zukunftsperspektive bekommen! In der Bedrängnis, in der Eingeschnürtheit, soll Jona die eigene Beengung bewusst werden, die Sehnsucht nach Weite wachsen!

Wie sähe es aus, wenn Gott *bei ihm* strikt nach den starren Prinzipien vorgehen würde, die ihm, Jona, bisher so wichtig waren, die ihm immer so klar und eindeutig erschienen? Diese theoretische Frage wird hier auf einmal ganz real und lebensentscheidend für Jona selbst! „Schuld zieht zwangsläufig Strafe nach sich" – Jona wird schlagartig klar, was es für *ihn* bedeuten würde … Jona erlebt ganz existentiell, dass Menschen ohne Gottes Gnade verloren sind. Dass *er* auf Gottes Gnade angewiesen ist und ohne Gottes Gnade verloren ist!

Gottes Taktik zeigt tatsächlich Wirkung bei Jona: Er reflektiert sein Verhalten, hat auf einmal eine andere Sicht der Dinge. Und genau das will Gott erreichen. In Jona 1 war Jona auch in Lebensgefahr, aber unfähig zu beten, trotz expliziter Aufforderung durch den Kapitän. Jetzt, wo er völlige Hilflosigkeit spürt, wo ihm seine

Bedrängnis ganz elementar bewusst wird, da beginnt er wieder zu
beten, da kommt er wieder mit Gott ins Gespräch.

## Nachträgliche Notizen

Nur am Rande zum jetzt folgenden Jona-Psalm, Jonas Unterwas-
sergebet: Natürlich hat Jona – geht man davon aus, dass seine
Geschichte wahre Ereignisse erzählt – nicht im Bauch des Fisches
seinen Pelikan-Füller gezückt und das Moleskine-Notizbuch aus
der Tasche gezogen, damit er kreativ an seinen lyrischen Zeilen
feilen kann. Er hat wohl später, im Nachhinein, komprimiert
schriftlich festgehalten, was ihn da im Bach des Fisches bewegt
hat. Der Psalm spiegelt in der Rückschau mit etwas Abstand
wider, was Jona so (oder ähnlich) gebetet hat im Fischbauch. So
ist eine „verdichtete Fassung all der Erfahrungen und Überlegungen entstanden", die Jona während seines dreitägigen Aufenthalts
dort bewegt haben.[24]

## Wiederannäherung

........................................................................................

  *2 Und Jona betete zum HERRN, seinem Gott, aus
  dem Bauch des Fisches 3 und sprach:...*

........................................................................................

In der Dunkelheit und Enge wird der einsilbige Jona auf einmal
ziemlich gesprächig. Er hofft, so die Isolation zu überwinden, in
die er sich selbst manövriert hat.

  Erst hier, im Bauch des Fisches, gibt es eine Wiederannä-
herung an Gott. Erst hier nimmt Jona die Kommunikation, die
er in Gat-Hefer radikal abgebrochen hat, wieder auf. Er wendet

sich Gott wieder zu, dem er bisher ausgewichen ist, dem er den Rücken zugewandt hat, vor dem er geflohen ist, als er nicht mehr zu seinem Denkschema passte, zu weich und zu gnädig Ninive gegenüber wirkte.

Endlich entdeckt Jona die persönliche Beziehung zu „seinem" Gott (Vers 2!) wieder, redet mit ihm, holt also mit Verspätung nach, was die Crew längst vollzogen hat und wozu ihn schon der Kapitän aufgefordert hatte.

Vers 3 ist eine Art zusammenfassende Überschrift von Jonas Gebet aus dem Bauch des Fisches:

...............................................................................................

*... Ich rief aus meiner Bedrängnis zum HERRN,*
*und er antwortete mir. Aus dem Schoß des Scheol*
*schrie ich um Hilfe – du hörtest meine Stimme.*

...............................................................................................

Dem eigentlich so selbstsicheren Jona wird auf einmal ganz anders. Da verändert sich etwas: Er spürt völlige Hilflosigkeit, nimmt seine „Bedrängnis" wahr – diese Beengtheit, mit der ihm Gott seine eigene gedankliche Enge verdeutlichen will. Jona sieht sich schon im „Schoß des Scheol", d.h. nach damaliger Jenseits-Vorstellung im Land des Vergessens (Ps 88,13; Hes 31,15f.); im Ort ohne Wiederkehr (Hiob 7,9; 16,22).

## Generalprobe im Fischbauch

Auf einmal kommt der Prophet ins Reden – und arbeitet sich dabei inhaltlich von der Klage (Verse 4–7a) zum Dank (7b–10) vor. „Im Jonapsalm dankt der Beter für die bereits geschehene Rettung, auf die er bereits zurückblickt (2,7) – obwohl Jona sich noch im Bauch des Fisches befindet (2,11)".[25] Der Jona-Psalm ist in Teilen sozusagen ein vorweggenommenes Danklied[26] (wie das von Hanna in 1Sam 2,1–10).

Mehrfach gibt es auch einen Wechsel der Sprechrichtung zwischen dritter („Gott hat…") und zweiter Person („du, Gott…"). Das heißt, dass Jona mal in Gebetspassagen Gott direkt anspricht, mal in Berichtspassagen über ihn spricht. „Von Zuhörern kann im Fischbauch natürlich keine Rede sein".[27] Möglicherweise „übt" Jona schon einmal vor fiktivem Publikum für einen Dankgottesdienst – für den Fall, dass er hier irgendwie lebend rauskommt, hätte er in der Tat viel zu erzählen. Dafür, dass die Feier Realität wird, ist aber erst noch ein mittelgroßes Wunder nötig.

Neben dem häufigeren Wechsel der Sprechrichtung und dem vorweggenommenen Dank wundert es ein wenig, dass eigentlich ein Schuldbekenntnis, ein Gebet mit der konkreten Bitte um Rettung aus diesem stinkenden Fischmagen nötig und angemessen wäre. Vers 3 kündigt einen solchen Hilfeschrei doch auch an! Jona müsste Gott doch eigentlich explizit bitten, „ihn aus dem Gefängnis zu befreien, in das er sich selbst hineingebracht hat"![28]

Aber solch ein Eingeständnis kommt im Jona-Psalm nicht vor. Jona geht im Folgenden mit keinem Wort auf seinen Auftrag ein, auf seine Flucht oder die Seeleute. Von Reue, Bedauern und der Bitte um Gnade ist überhaupt nicht die Rede!

## Jonas Klagegebet

Jona beginnt sein Gebet zunächst einmal mit einem Rückblick darauf, wie er um sein Überleben kämpfen musste, nachdem die Crew ihn über Bord geworfen hatte. Er beschreibt noch einmal seine aussichtslose Ausgangslage:

*⁴ Und du hattest mich in die Tiefe geworfen, in das*
*Herz der Meere, und Strömung umgab mich. Alle deine*
*Wogen und deine Wellen gingen über mich dahin.*

Jona ruft sich im Gespräch mit Gott in Erinnerung, wie er unterging, zu ersticken drohte und unter Wasser kaum noch etwas sehen konnte. Interessant ist an dieser Stelle aber die Einordnung. Jona bezieht seine lebensbedrohliche Lage auf Gott, er sagt ihm: *„du* hattest mich in die Tiefe geworfen"; *„deine* Wogen und Wellen gingen über mich dahin". Hm, hatten ihn nicht die Matrosen ins Meer geschleudert?

Schon, aber Gott hatte ihnen letztlich keine andere Wahl mehr gelassen.[29] Gott bremste sogar ihren Versuch aus, das Schiff und Jona doch noch irgendwie gemeinsam heil an Land zu bringen (vgl. 1,13). Für Jona (der sich natürlich letztlich selbst in diese Lage hineinmanövriert hat) ist jedenfalls klar: „Gott, dahinter steckst du!" Das ist halt sein Denkmuster: „Ich hab' Mist gebaut – jetzt ist Gott sauer auf mich und bestraft mich."

*⁵ Da sprach ich: Verstoßen bin ich von deinen*
*Augen hinweg. Wie sollte ich jemals wieder*
*hinblicken zu deinem heiligen Tempel?[30]*

Hier kommt jetzt die Essenz seines Gebets aus dem Fischbauch: Jona empfindet nicht nur Todesangst – sondern Jona befürchtet, dass seine persönliche Beziehung zu Gott jetzt irreparabel zerstört ist. Ihm fehlt der Blickkontakt, der direkte Kontakt zu Gott. Das führt zu großer Verzweiflung!

Ja, eben noch wollte Jona partout auf Abstand gehen zu Gott, vor Gott fliehen, weit weg, nicht in seinem Dienst stehen – weil er nicht damit klarkam, dass Gott auch den üblen Niniviten die Möglichkeit der Umkehr gönnen wollte. Eigentlich ist Jona nun am Ziel seiner Wünsche angekommen (1,3: „weg vom Angesicht des Herrn").

Jetzt, wo genau das tatsächlich eingetreten ist, wo es real wird, merkt er, wie furchtbar das ist. „Gott, du bist so weit weg?! Ich fühle mich so allein!" Und man fragt sich: Moment, Jona – wer wollte denn weg? Du! Jona befürchtet die endgültige Trennung von Gott. Er beklagt genau das, was sein Ziel war – dabei hat Gott ihn nur ernst genommen...

Jona hat auf einmal Angst, dass er sich unwiderruflich weit entfernt von Gott wiederfindet. Dass nun eine unüberbrückbare Distanz zwischen ihm und Gott besteht und dass er Gottes Nähe nie wieder erfahren darf. Für Jona ist das eine irritierende, erschütternde Erfahrung: eine Lebenskatastrophe!

Wie von Gott erhofft, wächst in dieser Extremsituation in Jona wieder eine große Sehnsucht nach Gottes Nähe, nach seiner Gegenwart! Er merkt: Ohne sie kann er nicht leben! In Jona verändert sich etwas.

Er ist auf der Flucht vor Gott (oder: *war* auf der Flucht? Hat er aufgegeben?), seine Gedanken aber kreisen um den Tempel in Jerusalem. Der steht hier im übertragenen Sinne für die Teilnahme am Gottesdienst bzw. allgemeiner, wie von Salomo bei der Einweihung des Tempels erbeten (1Kön 8,30.39; 2Chr 6,38f.) für „die erfahrbare Gegenwart Gottes"[31] auch aus der Distanz. Die symbolische Bedeutung der Gebetsrichtung taucht ja etwa auch bei Daniel auf, der fürs Gebet „offene Fenster Richtung Jerusalem" hatte (Dan 6,11).

Eine Frage treibt ihn um: Ist der Gott, der ihn – so sagt er es hier – „verstoßen" hat, auch ein Gott, der es sich anders überlegen kann? Der ihm eine zweite Chance, einen Neuanfang ermöglichen kann?

Weiter geht es mit Jonas Rückblick:

........................................................................................

*⁶ Wasser umfing mich bis an die Seele, die Tiefe umschloss mich, Seetang schlang sich um mein Haupt.*

........................................................................................

Jona steht das Wasser buchstäblich bis zum Hals, nimmt ihm die Möglichkeit zu atmen: eine Metapher für die ungemütliche Lage, für den sehr real drohenden Tod.

Jonas Gebet besteht aus vielen Zitaten und Anspielungen, es ist geprägt von der Psalmensprache. Jona bastelt sich aus Versatzstücken von vorformulierten Sätzen seinen persönlichen Unterwasserpsalm. Jona ist erkennbar zu Hause in der Welt der Psalmen. Ihm kommen hier in seiner Notsituation Sätze aus den Gebeten und Liedern, die er auswendig kennt, in den Kopf. Die Psalmen, das sind Bausteine aus seiner Glaubenswelt – das passt gut zu ihm, zu seinem Glaubensstil: Er zieht Sicherheit aus der bewährten Tradition.

Er macht Elemente aus alten Gebeten zu seinem persönlichen Gebet, indem er sich recht frei aus ihnen bedient. Jona zitiert selten wörtlich, meist greift er einzelne Gedanken auf, leiht sich Worte, stützt sich auf alte Formulierungen, wendet sie auf seine Situation an.

Spannend ist dabei, dass die Psalmensprache geprägt ist von vielen Bildern. „Untergehen" und „ertrinken" steht zum Beispiel metaphorisch für Lebensgefahr und ausweglose Not (Ps 69,15).

Auf Jona treffen die Formulierungen allerdings wörtlich zu! Jona „wählt keine Bilder, um seine Situation zu beschreiben, er nutzt die Psalmenbilder, um seine richtige Situation zu beschreiben".[32]

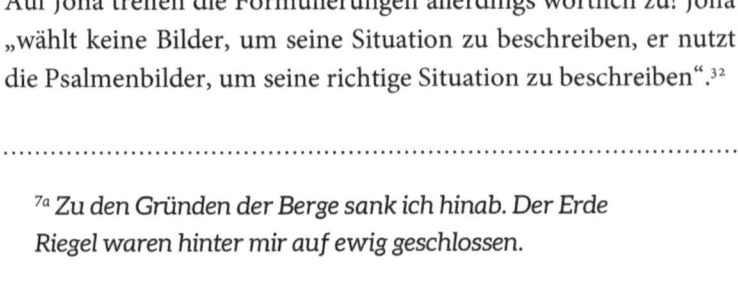

*⁷ᵃ Zu den Gründen der Berge sank ich hinab. Der Erde Riegel waren hinter mir auf ewig geschlossen.*

Der Fisch schwimmt mit Jona unter Wasser weiter und Jona kommt es so vor, als sei er ganz unten auf dem Meeresgrund angekommen, als sei er bei den „Wurzeln der Berge" gelandet (die Berge hatten nach altem Weltbild ihre Fundamente in den Tiefen der Meere). „Der Erde Riegel waren hinter mir auf ewig geschlossen": Das soll bedeuten: Hier tun sich Abgründe auf, hier herrscht Todesatmosphäre. Ein Ausweg ist nicht in Sicht, jeder Ausgang ist „verrammelt und verriegelt". Jona ist sich sicher: „Ich komme hier nicht mehr lebend raus!" Jona ist tief gesunken, er ist wirklich „heruntergekommen".

Bezeichnenderweise stammt dieser Halbvers nicht, wie sonst eigentlich alle Sätze, aus dem Psalmenvokabular, ist kein direktes oder indirektes Psalmzitat – das ist eine ganz eigene Formulierung, denn hier wird es ganz persönlich! Hier ist der absolute „Nullpunkt im Psalm" erreicht.[33] Das hier ist der Endpunkt von Jonas Abstieg. Das Buch Jona fasst Jonas Abwärtsbewegung bis zum bitteren Ende in eine räumlich-geografische Symbolik; Jonas geografische Standortbestimmung steht im übertragenen Sinn auch für sein geistliches Niveau:

- Startpunkt war vermutlich die nordisraelitische Stadt Gat-Hefer, dort erfolgte wohl Jonas Beauftragung.

- Vom Gebirge ging es herab in die Hafenstadt Jafo (1,3), da war Jona annähernd auf der Höhe des Meeresspiegels.

- In Jafo stieg er ins Schiff (1,3), ging „unter Deck": in den untersten Laderaum (1,5) – da war er schon knapp unter dem Meeresspiegel. Dort sank er in den Tiefschlaf...

- Dann, als er im Sturm von der Crew über Bord geworfen worden war, sank er hinunter ins Meer (1,15) und landete schließlich im Fischbauch (2,1).

Räumlich wie symbolisch ist Jonas Weg bis hierhin ein kontinuierlicher Abstieg. Der geografische „Niedergang" steht im übertragenen Sinn für die wachsende Entfernung von „Gott in der Höhe" (1,2; Lk 2,14). Und hier ist Jona jetzt am Tiefpunkt angelangt, ist er physisch und psychisch am Ende – und am Ende seines geistlichen Absturzes lauert nur noch der Tod. Es sei denn, Gott fischt ihn heraus...

Und tatsächlich, das tut er: Das hier ist der Endpunkt – aber auch der Kipppunkt des Psalms, der Wendepunkt in Jonas Weg! Jetzt geht es wieder aufwärts! Im Bauch des Fisches hat Jona wieder vorsichtig Kontakt zu Gott aufgenommen. Und er registriert: Gott hört tatsächlich zu. Jona merkt: Gott will ihn nicht vernichten. Jona ist im dunklen Fischmagen immer noch in Lebensgefahr, aber am Horizont schimmert Hoffnung auf.

### Jonas vorweggenommenes Lob

..................................................................................

*7b Da führtest du mein Leben aus der Grube herauf, HERR, mein Gott.*

..................................................................................

Es schien ja wie ein Gottesurteil, dass den Matrosen keine andere Wahl blieb, als Jona über Bord zu schmeißen. Eigentlich war spätestens da allen klar, dass Jona verloren war und der sichere Tod im stürmischen Mittelmeer auf ihn wartete.

Bei Jona verdichtet sich nun aber die Gewissheit, dass Gott ihn, den bockigen Propheten, wieder „heraufholen" kann und will. Gott möchte Jona wieder in einer göttlichen „Aufwärtsbewegung" tatsächlich wieder zurück ins Leben hieven. Jona hat begriffen, er hat sich in eine Sackgasse manövriert. Er muss umkehren (genau wie Ninive …)! Gott gibt ihm – flexibel, wie er ist – eine zweite Chance. Und weil Jona völlig klar ist, dass er ohne Gott, ohne seine Gnade keine Überlebenschance hat, lobt er in den folgenden Strophen seines Liedes seinen Gott in höchsten Tönen.

⁸ *Als meine Seele in mir verschmachtete,*
*dachte ich an den HERRN. Und mein Gebet*
*kam zu dir, in deinen heiligen Tempel.*

Jona schildert noch einmal, wie in seiner Verzweiflung wieder große Sehnsucht nach Gottes Nähe, nach Gottes Gegenwart wuchs. Eben schon, in Vers 5b, trieb Jona die Frage um, ob er überhaupt noch Hoffnung hatte auf einen Besuch des Jerusalemer Tempels, ob er überhaupt noch eine Chance hatte, in näheren Kontakt zu Gott zu kommen. Ihm war völlig klar: Erreichte sein Gebet aus dem Fischmagen Gott nicht, konnte er es sich abschminken, den Tempel noch einmal zu sehen.

Hier taucht wieder der Tempel in Jerusalem als Gottes Wohnung, als Ort der besonderen Gegenwart Gottes auf. Jona ist ein Mann der Extreme, er springt von einem Extrem zum anderen:

Jona will auf einmal „von der äußersten Gottesferne hin zur größten Gottesnähe".[34] Er kann natürlich momentan nicht körperlich im Tempel sein, er steckt ja im Fisch fest. Aber er empfindet es so, dass sein Gebet Gott erreicht. Sein Notschrei kommt an. Gott lässt sich erreichen mit einem „Gebet aus der Ferne".[35] Ein Gebet überbrückt alles, was zwischen Gott und Jona steht.

Jona hat im Gebet den klaren Eindruck gewonnen, dass Gott sich freut, dass er, der Tiefgesunkene, endlich wieder mit dem Allerhöchsten redet. Gott zeigt ihm eben nicht mit den Worten „Na toll, Jona, wenn du ein Problem hast, kommst du doch wieder angekrochen…" die kalte Schulter. Nein, Gott ist gnädig und geduldig. Gott nimmt seine Not wahr und seinen Wunsch, ihm nahe zu sein. Und Gott lässt Nähe zu.

Komischerweise kommt nach dieser erhebenden Erfahrung, die Jona macht, gleich wieder eine Stelle, wo man als Leser stutzt.

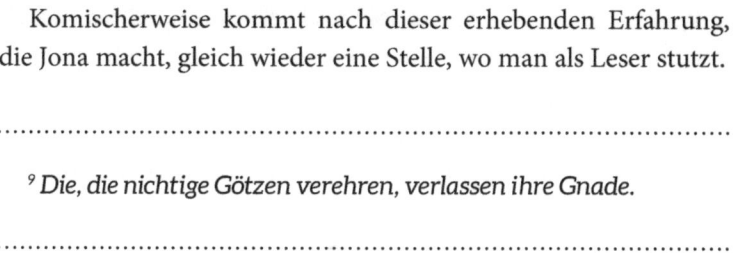

⁹ Die, die nichtige Götzen verehren, verlassen ihre Gnade.

Jona stellt – an sich sachlich richtig – zwei Alternativen heraus: aus und in Gottes Gnade leben oder vor toten, hohlen und wirkungslosen Götzen knien. Aber zum einen ist diese Aussage, die Jona hier von sich gibt, ziemlich unpersönlich, distanziert und theoretisch formuliert; vielleicht sogar fast ein wenig hochnäsig. Und zum anderen: Diese Aussage aus seinem Mund, in seiner Lage – das passt einfach nicht zusammen.

„Hallo, Jona! Merkst du es noch? Hast *du* dich nicht abgewandt von ‚deiner Gnade', also von deinem gnädigen Gott?" Gut, Jona hat sich keinem anderen Götzen zugewandt, aber das „Abwenden", das beschreibt sein eigenes Verhalten doch ziemlich treffend. Dem von ihm hier zugespitzten Grundsatz, diesem generellen „Orientierungsmaßstab"[36] wird Jona bis hierhin selbst nicht gerecht. Wieder passen (wie in 1,9) bei Jona Bekenntnis und Verhalten einfach nicht ganz zusammen.

Typisch Jona, dieses Schwarz-Weiß-Denken! Er braucht dann wohl doch wieder eine „Negativfolie" als Kontrast. Und er merkt nicht wirklich, dass er den Platz auf der Seite der Guten nicht dauerhaft für sich gepachtet hat!

Man möchte ihm zurufen: „Gerade du bringst hier so einen abstrakten Spruch?! Jona, merkst du es immer noch nicht? Die nicht gerade frommen Nichtjuden, die Ungläubigen oder Andersgläubigen im Buch Jona – wie in Kapitel 1 die Schiffsbesatzung, alles keine Kinder von Traurigkeit –, die sind, wenn es darauf ankommt, überraschend sensibel und offen für Gott, tasten sich vor zu ihm, suchen Gott – auf ihre Weise! *Die* sind nicht das Problem. *Du* bist das Problem, Jona, Gottes frommer Prophet."

Jona aber grenzt sich trotz allem, was er mitgemacht hat, was er selbst gemacht hat, immer noch scharf ab von anderen, von den eben genannten Verehrern falscher Götzen, denen er sich überlegen wähnt:

........................................................................................

*¹⁰ Ich aber will dir Opfer bringen mit der Stimme des Lobes; was ich gelobt habe, werde ich erfüllen. Bei dem HERRN ist Rettung.*

........................................................................................

Jona verspicht offensichtlich im Fischmagen, im Fall der Rettung einen Dankgottesdienst zu feiern. Er sagt sinngemäß: „Wenn Gott mich lebend aus diesem klebrigen Ungeheuer herausholt, werde ich mich höchstpersönlich mitten in den Tempel von Jerusalem hinstellen, Gott für diese Rettung loben und der versammelten Gemeinde erzählen, was ich erlebt habe!"

Dass Jona überhaupt Zukunftspläne für ein Leben außerhalb des Fisches macht, zeigt: Er hat definitiv Hoffnung geschöpft. Er ist überzeugt davon, dass es weitergeht. Er wird gerettet werden! „Ich aber…" beginnt er diesen Satz. „Mann, Jona!", will man ihm wieder zurufen: „Bei dir ist das alles doch erst einmal nur eine ‚Absichtserklärung'!"[37] Die nichtjüdische Schiffsbesatzung z.B. – die hat alles, was Jona hier in Vers 10 verspricht, lange vor ihm in die Tat umgesetzt: Die Crew hat Gott gelobt, ihm Opfer gebracht und Gelübde geleistet! Hier kommt dann doch wieder der alte Jona durch, der hochnäsige, der meint, sich von Falschgläubigen barsch abgrenzen müssen.

Aber auch wenn manche alten Muster zäh in Jona fortbestehen: Es hat sich schon einiges gewandelt in Jona. Jona ist nämlich jetzt offenkundig bereit, Ninive Gottes Botschaft auszurichten, Ninive die Chance zur Umkehr zu ermöglichen. Es wird zwar nicht weiter ausgeführt, was er Gott versprochen hat – aber die Vermutung liegt doch nahe, dass Jona mit dem Gelübde die Ausführung seines Auftrags meint. Gottes Anweisung will er jetzt nachkommen. Und das ist dann doch eine enorme Veränderung bei Jona! Er hat begriffen: Hätte Gott nicht so ein großes Herz, hätte er ein großes Problem.

Jona ist also jetzt bereit, Ninive Gottes Botschaft auszurichten, Ninive die Chance zur Umkehr zu ermöglichen. Und er behält Recht, was er hoffte, tritt ein: Gott lässt ihn nicht sterben, er gibt ihm eine zweite Chance – weil er daran glaubt, dass Jona sich ändern kann (wie Ninive!)!

........................................................

*¹¹ Und der HERR befahl dem Fisch, und er
spie Jona auf das trockene Land aus.*

........................................................

Der Fisch hatte den Job, Jona so lange festzuhalten, wie er fliehen wollte. Weil Gott wahrnahm, dass in Jona schon einiges in Bewegung geriet, leitete er schon einmal den Rücktransport ein: Möglicherweise lag Jona dem großen Fisch ohnehin längst etwas schwer im Magen. Jetzt ist der sicher auch froh, diesen unverträglichen Fremdkörper wieder loswerden zu können. Nicht sehr elegant gerät Jona wieder an Land: Der große Fisch spuckt Jona an der Küste aus; er „kotzt" ihn aus. [38]

Es steht zwar nicht explizit im Text, wo Jona an Land gespuckt wurde – der Erzähler konzentriert sich bewusst immer auf das Wesentliche –, aber es liegt nahe, dass der Fisch Jona zurück zum Ausgangspunkt gebracht hat, an die Küste Palästinas, vielleicht die Gegend bei Jafo – dann hätte Gott Jonas falsche Reiserichtung sanft wieder korrigiert.

Endlich hat Jona wieder festen Boden unter den Füßen, aber seine Beine sind noch ganz schön wackelig. Jona muss erst einmal blinzeln, als er sich umschaut – seine Augen müssen sich erst wieder an das Licht gewöhnen. Jona ist „außen glitschig, innen glücklich"[39] – sein Überleben ist nun endgültig gesichert! Für Jona ist das Erlebte in der Tat eine Art Auferstehungserfahrung – er hatte sich im Meer und erst recht im Fischmagen bereits wie in seinem eigenen Grab gefühlt…

## ZUM WEITERDENKEN:
### Versteckte Hinweise auf Christus

Jesus lebte ungefähr 700 Jahre nach Jona. Für ihn war dieser Prophet von großer Bedeutung; er bezog sich mehrmals explizit auf ihn. Jesus und Jona – das sind zwei „typologische Zwillinge".[40] Jonas Aufenthalt im Fisch ist ein auf Jesus hinweisendes Zeichen. Einzelne Elemente der Erzählung werden im Neuen Testament auf Jesus übertragen:

– Jesu Todesangst und seine Gottverlassenheit sind bei Jona in gewisser Weise „vorweggenommen" und prophetisch angedeutet. Jesus erlebte ebenfalls das Gefühl eines elementaren Kontaktabbruchs mit seinem Vater im Himmel (Mt 27,46).

– Auch Jesu Tod und sein dreitägiger Aufenthalt im Grab ist – der Interpretation des Neuen Testaments zufolge – in der Jona-Geschichte vorgezeichnet. Jesus selbst zieht diese Parallele zu Jona bereits im Vorfeld seiner Kreuzigung: „So wie Jona drei Tage und drei Nächte im Bauch des Seeungeheuers war, so wird auch der Menschensohn [also Jesus] drei Tage und drei Nächte in der Tiefe der Erde verborgen sein [das heißt im Grab liegen]" (Mt 12,40 GNB). Zwei Unterschiede gibt es aber: Jesus ist nicht symbolisch, sondern real „hinabgestiegen bis in den Tod" (Eph 4,9f.). Und während Jona bereit war, sich zu opfern, damit wenigstens die Besatzung überleben konnte, stirbt Jesus tatsächlich, damit wir gerettet werden können. Und bei Jona geht es um seine Schuld, für die er glaubt, den Preis zahlen zu müssen, während Jesus stellvertretend für die Menschheit leidet und stirbt.

– Nicht zuletzt sieht das Neue Testament in dem Ausgespucktwerden Jonas Jesu Auferstehung vorgebildet; Paulus schreibt in 1Kor 15,3b.4 (GNB): „Christus ist für unsere Sünden gestorben, wie es in den Heiligen Schriften vorausgesagt war, und wurde begraben. Er ist am dritten Tag vom Tod auferweckt worden, wie es in den Heiligen Schriften vorausgesagt war." Diese Stelle kann sich nur auf Jona beziehen; außer der dortigen Andeutung, die Jesus wie eben gezeigt auf sich bezieht, gibt keine alttestamentliche Prophezeiung einen Hinweis zu dem Zeitraum zwischen Jesu Kreuzigung und Auferstehung!

Sicherlich hat Jesus auch den Propheten Jona herangezogen, als er in seiner „Überblicksvorlesung" auf dem Weg nach Emmaus den beiden Jüngern darlegte, wo das Alte Testament in Bildern und Andeutungen über ihn sprach (Lk 24,26f.).

## Wer Gnade erlebt, wird selbst gnädiger

Jetzt steht Jona also wieder am Ufer, atmet die frische Luft ein – er ist aus den modrigen Fischgedärmen zurückgekehrt ins Leben. Jona ist wieder da, wo seine Flucht begann, aber er ist jetzt ein anderer Mensch. Damit ist nicht gemeint, dass der Fischgestank noch penetrant an ihm haftet. Nein, *innerlich* hat sich viel getan bei ihm. Es verließ das Festland als ein Prophet, der hochnäsig war, der Gottes Gnade für selbstverständlich hielt – allerdings nur für sich und sein Volk! Er war fest davon überzeugt, dass Gott menschliche Fehler konsequent bestraft und dass es richtig ist, auf Abstand zu gehen bei Menschen, die nicht zu Gottes Volk gehörten.

Jetzt steht da ein Mensch, der am eigenen Leib die Erfahrung gemacht hat, wie sich das anfühlt, hoffnungslos zu sein und ohne Perspektive. Da steht ein Mann, der weiß, wie sich das anfühlt, auf Gottes unverdiente Gnade angewiesen zu sein. Jetzt hat er „existentiell begriffen", was er vorher nur theoretisch wusste:[41] dass

Gott ganz viel Geduld mit Menschen hat. Auch mit ihm. Dass ein Mensch ohne Gottes Gnade nicht leben kann.

Und der Prophet, der eisern seine Prinzipien festhält, hat erfahren, wie gut das tut, dass Gott flexibel reagiert, umdenken kann, Menschen gerne noch eine Chance gibt. Genau diese Flexibilität, die Menschen eine zweite Chance bietet, passt ihm überhaupt nicht, wenn sie Ninive gilt! Ihm selbst rettet sie das Leben! (Im letzten Kapitel des Jona-Buchs wird sich zeigen, ob die Erfahrung, die er hier gemacht hat, bei ihm tatsächlich einen bleibenden Eindruck hinterlässt und dauerhafte Auswirkung auf seine Haltung Ninive gegenüber hat ...)

## ZUM WEITERDENKEN:
## Christus in mir vs. Jona in mir

Wie in der Einleitung bereits angedeutet: Ich entdecke leider hier und da immer noch und immer wieder den „Jona in mir". Ich sehe dem bisweilen unsympathischen Propheten manchmal verdächtig ähnlich. Wenn ich rechthaberisch agiere, mich von Andersdenkenden abgrenze und Anders- oder Ungläubige pauschal verurteile, wenn in meinem Denken und Handeln Gesetzlichkeit die Oberhand gewinnt, offenbare auch ich ein enges Herz und einen engen Horizont. Vielleicht geht es dir manchmal ähnlich.

In solchen Situationen ist es wesentlich, nicht bei dem Jona-Vergleich stehen zu bleiben. Die Jona-Gestalt verweist wie oben gezeigt vorausschauend auf Jesus Christus. Jesus bezeichnete sich als den „ultimativen Jona" (Mt 12,41).[42]

Wenn der „Jona in uns" droht, Oberwasser zu kriegen, sollten wir uns an Christus orientieren, der in uns wohnt (2Kor 13,5; Gal 2,20; Eph 3,17; Kol 1, 27). Er steht, die in den vier Evangelien überlieferten Geschichten illustrieren das zahlreich, für Weite, für ehrliche Begegnung, für Mitleid und für konstruktive Unterstützung anderer. In Mt 11,29 sagt Jesus: „Lernt von mir! Denn ich bin sanftmütig und von Herzen demütig." Von ihm können wir lernen, was Gnade praktisch heißt.

Zugespitzt könnte man sagen: Der „Christus in mir" kämpft gegen den „Jona in mir"! Ihm sollen wir ähnlicher werden (Röm 8,29; 2Kor 3,18)! Und weil Gott weiß, dass uns Menschen Zeichenhandlungen helfen, wichtige Gedanken vom Kopf ins Herz rutschen zu lassen, ermöglicht er uns in der Taufe, eine Jona-Erfahrung zu durchleben. Paulus erläutert in Röm 6, dass das Untertauchen bei der Taufe symbolisch dafür steht, dass wir mit Jesus begraben sind – und das Auftauchen dafür, dass wir mit ihm auferstanden sind (Röm 6,3–11). Seine Schlussfolgerung: Als „Lebende aus den Toten" (wie Jona!) sollen wir uns nun mit Haut und Haaren Gott zur Verfügung stellen (Röm 6,13). Die Tauferfahrung und die Erinnerung daran, die bleibt, auch wenn wir längst wieder trocken sind, unterstützen uns dabei, uns bewusst zu halten: „nicht mehr lebe ich, sondern Christus lebt in mir" (Gal 2,20). Er soll in uns „Gestalt gewinnen" (Gal 4,19).

Jona ahnt natürlich – er ist ja beruflich Prophet – bei seiner Freude über sein neugeschenktes Leben, dass die Geschichte damit noch nicht zu Ende ist …

Gott hat Jona eindrücklich verdeutlicht: Er ist ein hoffnungsloser Fall, wenn er sich selbst überlassen bleibt. Aber „Gott überlässt Jona nicht sich selbst".[43] „Ninive ist ein hoffnungsloser Fall, solange es sich selbst überlassen bleibt".[44] Und Gott überlässt Ninive nicht sich selbst! „Jona, erkennst du da einen Zusammenhang? Ohne mein weites Herz wärst du schlicht im Mittelmeer ertrunken. Verdient hättest du es! Ich gebe dir eine zweite

Chance! Bitte eröffne du aber auch anderen, die einen Neuanfang nötig haben, ebenfalls eine Chance zur Umkehr."

Jona ist in dieser Lebenskrise, dieser existenziellen Krise im Fischgedärm, gereift. Er wollte fliehen vor Gott und seinem Auftrag. Zu Gott hat er schon zurückgefunden. Jetzt zeigt er auch Bereitschaft, seinen Auftrag zu erfüllen, also nach Ninive zu gehen, um den Menschen dort eine Chance zur Umkehr zu geben. Gott hat alles gegeben, um Jona weiterzubringen. Gott hat Jona in die Enge getrieben, um Jona in seine Weite zu führen! Jona hat sich verändert, ist gereift; er hat die Denkpause genutzt. Er hat Gott besser kennengelernt. Er hat sich selbst besser kennengelernt. Er hat intensiv gebetet, Gott an sich arbeiten lassen und sein Herz so schon ein wenig mehr an Gottes Weite gewöhnt.

## ZUM WEITERDENKEN:
### Denkpause und Auszeiten für uns

Der Fischbauch war für Jona ein Lernort.[45] Er bekam von Gott eine Denkpause verordnet, um in seinem Kopf und seinem Herzen einiges zu sortieren, um sein Verhältnis zu Gott zu klären. Manchmal zwingt uns Gott in ähnliche Auszeiten, etwa bei Krankenhausaufenthalten, in Zeiten der Arbeitslosigkeit oder ähnlichen Krisensituationen. Auch eine Depression, eine Ehekrise oder ein Burnout können zu einer Zwangspause führen. Solche von Sorgen, Existenzangst und möglicherweise Einsamkeit geprägte Phasen führen ähnlich wie bei Jona leicht zu dem zutiefst irritierenden Gefühl, dass einem gerade der Boden unter den Füßen weggezogen wird.

Menschen verarbeiten Krisen unterschiedlich, Menschen nutzen Krisen unterschiedlich: Manche gehen gestärkt und positiv verändert aus einer schwierigen Phase heraus, andere eher verstört und ausgelaugt. Und ob man an einer Krise verzweifelt oder reift, hängt entscheidend davon ab, ob man Gott einbezieht!

Ich halte nichts davon, Krankheiten oder Krisen als Strafe Gottes zu sehen (das wäre schwarz-weißes, gesetzliches Jona-Denken). Nein, solche Phasen sind keine *Strafe* Gottes – aber vielleicht Gottes *Sprache*. Nicht selten will er Menschen dadurch ansprechen, ihnen etwas sagen. Wir sollten also weniger nach dem „Warum" als nach dem „Wozu" fragen! Was hat mir das zu sagen, was will Gott mir sagen, was will er zur Sprache bringen? Möglicherweise ist das aktuelle Problem, mit dem ich mich herumschlagen muss, ein Anstoß Gottes, an einer ganz anderen Stelle Wachstum zu erreichen.

Wenn du gerade in einer harten Lebensphase steckst, ist das vielleicht eine solche unfreiwillige Denkpause wie bei Jona. Manchmal setzt Gott schwierige Lebensphasen ein, Lebenskrisen, Trennungen, Verlusterfahrungen, eine Midlife-Crisis oder persönliche Tiefpunkte, um bei uns eine Klärung anzustoßen. Möglicherweise bietet Gott dir gerade eine große Chance, zu reifen, weiterzukommen und Prioritäten noch einmal klarzurücken.

Und nebenbei: Man kann Auszeiten und Denkpausen aber auch bewusst einplanen, um Eindrücke herunterzufahren, aus dem Alltagstrott herauszutreten und Nachdenkzeit zu haben – für mich persönlich sind regelmäßige Zeiten in einem Kloster im Sauerland elementar, in meiner Klosterzelle fühle ich mich dann jedes Mal ein wenig wie in einer selbstgewählten Isolation, ich bin in der Klausur sozusagen „freiwillig im Fisch".

Aber wie bekomme ich heraus, was Gott in so einer Denkpause, einer Auszeit konkret zur Sprache bringen will? Im Gespräch mit ihm! Jona 2 klingt wie ein Monolog – weil im Bibeltext nur Jonas Part abgebildet ist. Jona führt aber einen Dialog mit Gott; es wird auch Phasen gegeben haben, in denen er geschwiegen und auf Gottes Reden gewartet und gehört hat.

Bei Jona wollte Gott durch das enge Eingesperrtsein im Fischbauch Sehnsucht nach Weite wecken. Wonach möchte Gott in dir gerade neu Sehnsucht wecken?

- Vielleicht kommt Gott dir gerade ganz weit weg vor. Oder dir wird bewusst, dass du dich – wie Jona – von ihm entfernt hast. Und dann entsteht bei dir aus nicht ganz nachvollziehbaren Gründen doch wieder eine ganz neue Sehnsucht nach Gottes Nähe. Und du nimmst die Angewiesenheit auf Gott existentieller als sonst wahr! Prima! Vielleicht hast du Bedenken, dass Gott dich abweist, wenn du in der Not dann auf einmal zu ihm kommst. Nein – Gott weist keinen ab. Er wartet darauf, dass du endlich wieder näher an ihn heranrücken willst, und kommt dir gerne entgegen (Jak 4,8).

- Möglicherweise möchte Gott nach einer längeren Zeit der Sprachlosigkeit schlicht und einfach wieder ins Gespräch mit dir kommen. Gut möglich, dass im Lauf der Zeit einfach zu viel dazwischengekommen ist, dass sich einiges angesammelt hat, sich einiges zwischen Gott und dich geschoben hat. Vielleicht wird dir gerade bewusst, dass du etwas zu klären hast mit Gott. Und in dir entsteht eine Sehnsucht, mit Gott wieder eine ungestörte Beziehung pflegen zu können, in Einheit und Verbundenheit. Wenn du vorsichtig neu Kontakt aufnimmst, hat Gott erreicht, was er wollte, denn er will im ständigen (gegenseitigen!) Austausch mit dir stehen. Dann hast du die Krisensituation gut genutzt.

- Vielleicht hast du hochnäsig, destruktiv und hart über andere geurteilt? Das fällt uns manchmal erst auf, wenn wir selbst Probleme haben, in Not kommen, in der Versenkung verschwinden. Ich habe einen Bekannten vor Augen, bei dem immer alles glatt lief, der immer erfolgsverwöhnt war und der gar nicht verstehen konnte, dass andere sich manchmal so schwertun im Leben – bis er selbst ernsthaft krank wurde und seinen Job verlor. Da änderte sich seine Sicht gehörig! Und er merkte: Wenn man mit leeren Händen dasteht, ist das der Zeitpunkt, an dem man Gott nur noch die Hände entgegenstrecken kann, damit er einen festhält und in den Arm nimmt. So eine Erfahrung weckt Sehnsucht nach Gottes Liebe und Zuwendung – und ändert den Blick auf andere Menschen, die ebenfalls mit dem Leben zu kämpfen haben…

– Ich erzählte am Anfang des Kapitels von meinem Freund Herbert, der das bei einer Privatinsolvenz erlebt hat. Hast du vielleicht das, was du „erreicht" hast, auch für selbstverständlich gehalten, für verdient? Manchmal werden wir von Gott schmerzhaft auf den Boden der Tatsachen geholt. Und dann wächst die Sehnsucht ins uns, dass Gott uns Ansehen verleiht und einen Wert zuspricht, Anerkennung gibt, unabhängig von dem, was wir haben und können.

– Möglicherweise packt dich auf einmal in Phasen des Leerlaufs auch eine gewisse Abenteuerlust – die Sehnsucht, mit Gott noch einmal oder endlich einmal etwas Besonderes zu erleben, ihn im Einsatz aus nächster Nähe beobachten zu können. Und du merkst: Gott will dich gewinnen, bei seiner Sache dabei zu sein, Teil des Geschehens zu sein.

............................................................................................

„Von Gottes Güte kommt es, dass wir noch leben. Sein Erbarmen ist noch nicht zu Ende, seine Liebe ist jeden Morgen neu und seine Treue unfassbar groß. […] Der Herr ist gut zu denen, die nach ihm fragen, zu allen, die seine Nähe suchen."
(Klgl 3,22.25 GNB)

# Wirkungsvolle Worte (Jona 3)

"The Niniveh of tomorrow
is not necessarily the same
as the Niniveh of yesterday."

*André und Pierre-Emmanuel Lacoque*[46]

„Was zeichnet die lebendige Kirche aus?
Sie ist eine Spezialistin für Menschen in Situationen ‚fünf nach zwölf'".

*Martin Werlen*[47]

D a stand ich nach dem Jugendgottesdienst dieser jungen
Frau gegenüber und war ganz verwirrt: Sie hatte in der
musikalischen Begleitung zum ersten Mal einen gestaltenden Part übernommen. Ich fand, sie hatte das richtig gut
gemacht. Und genau das hatte ich ihr nachher gesagt, ich hatte
sie begeistert gelobt: „Du hast das richtig gut gemacht – da bist du
echt begabt!" Sofort schossen ihr Tränen in die Augen. Und ich
dachte: „Was hab' ich jetzt schon wieder falsch gemacht?!" (Ich
weiß, ich bin nicht immer so sensibel, wie ich sein müsste ...)

Rasch merkte ich: Ich hatte alles richtig gemacht. Sie erklärte
mir: „Dein Lob bedeutet mir viel! Meine Eltern haben mir jahrelang immer nur gesagt: Das kannst du doch eh nicht! Das schaffst
du nicht! So oft, bis ich das irgendwann selbst glaubte. Es tut so
gut, etwas anderes zu hören!"

Worte von Menschen haben immer wieder eine große Wirkung. Manche Aussagen prägen uns ein Leben lang. Und da macht es einen großen Unterschied, ob die Grundaussage, die über einer ganzen Biografie steht, „Probier das noch mal, du schaffst das!" lautet oder „Du kannst aber auch gar nichts!"

Worte von Menschen haben mitunter enorme Folgen, aber wie viel stärker muss der Effekt sein, wenn Gott etwas sagt, wenn seine Übersicht, sein Gesamtblick und seine Allmacht dahinterstehen! Immer wieder setzt Gott seine Worte ein, spricht uns an, um uns zu erreichen, um in unserem Leben etwas zu erreichen. Das dritte Kapitel des Jona-Buches dreht sich genau darum: Wie Gott mit seinem großen Herzen in das Leben von Menschen hineinspricht und was das für Folgen hat.

## Zurück auf Start

........................................................................................................

*¹ Da geschah das Wort des HERRN zum zweiten Mal zu Jona: ² Mache dich auf, geh nach Ninive, der großen Stadt, und ruf ihr die Botschaft zu, die ich dir sagen werde.*

........................................................................................................

Das Kapitel startet mit einer *Reset*-Taste, das ist ein wenig wie bei dem Film „Und täglich grüßt das Murmeltier": Die Jona-Geschichte beginnt sozusagen wieder ganz vorne. Gott startet einen zweiten Versuch, er schickt Jona erneut los nach Ninive. So schnell gibt Gott nicht auf! Gottes Liebe in ihrem Lauf hält weder Ochs noch Esel auf! „Jona, übermittle ihnen meine Botschaft, jetzt aber wirklich! Ich hab' denen etwas Wichtiges zu sagen."

Klar: Gott hätte spätestens beim zweiten Mal einen anderen, willigeren Propheten schicken können. Das wäre sicherlich einfacher gewesen. Oder er hätte direkt einen Engel schicken können. Er schickt aber Jona. Gott gibt Menschen, die versagt haben, nicht einfach auf: Das trifft auf Ninive und auf Jona zu! Er schickt den Gescheiterten zu den Kaputten. Er schickt seinen Problempropheten zu denen, die sich und anderen Probleme machen. Einer, der völlig versagt hat, soll mit den Niniviten über ihr Versagen reden – damit beide weiterkommen, Jona und Ninive! Ninive und Jona sind sich ähnlicher, als Jona es wahrhaben will.

## Zum Weiterdenken: Umwege mit Mehrwert

Vor einigen Jahren erlebte ich, wie bei einem älteren Christen, nennen wir ihn hier einmal Martin, eine persönliche Beauftragung zum zweiten Mal ausgesprochen und erneuert wurde. In früheren Zeiten war Martin als Laienprediger sehr aktiv gewesen. Diesen Einsatz hatte er als klare Berufung Gottes verstanden und mit Leidenschaft wahrgenommen. Dann war jedoch seine Ehe in die Brüche gegangen und es war vorbei mit seinen Predigteinsätzen – zum einen blieben schlagartig die Einladungen aus und zum anderen fühlte er sich nach der Erfahrung des persönlichen Scheiterns nicht mehr in der Lage, glaubwürdig Gottes Wort zu verkündigen.

Als ich Martin Jahre später kennenlernte, begegnete mir in ihm nicht nur ein in zweiter Ehe glücklich verheirateter und gereifter Familienvater, sondern auch ein leidenschaftlicher Evangelist, ein Bibelkenner und ein rhetorisch starker, sogar ziemlich unterhaltsamer Christ mit Lebenserfahrung. Ich fragte ihn schon nach kurzer Zeit, warum er eigentlich nicht predige – er habe doch wohl, soweit ich das beurteilen könne, eine deutliche Begabung in diese Richtung. Daraufhin erläuterte er mir die Hintergründe.

In dem Gespräch wurde aber auch sehr deutlich, dass in ihm immer noch die Leidenschaft zum Predigen schwelte – und tatsächlich fügten sich in den nächsten Monaten verschiedene Umstände so, dass er seitdem wieder in verschiedenen Gemeinden mit großem Engagement Predigtdienste übernimmt. Und – das finde ich bemerkenswert –: Was die meisten Zuhörer an ihm besonders schätzen, ist seine Art, die Gute Nachricht vor dem Hintergrund seiner eigenen Lebenserfahrung mit entscheidenden Lebensfragen der Zuhörer zu verknüpfen. Man merkt: Er weiß, wovon er redet. Interessant: Aus schmerzhaften Umwegen lässt Gott Authentizität und Glaubwürdigkeit entstehen … Gott ist ein Gott der zweiten Chance (vgl. etwa nur Lk 22,32 und Joh 21,15–19).

Wo hat Gott in meinem Leben die *Reset*-Taste gedrückt? Wie beurteile ich Fehler und Scheitern in meiner Biografie? Wo kann auch aus meinen Irrwegen und Umwegen etwas Gutes entstehen? Bei welchem Thema spüre ich, dass Gott bei mir hartnäckig dranbleibt?

## Feine Andeutungen

Gott wiederholt den Auftrag an Jona – die Formulierung variiert aber im Vergleich zu Jona 1 leicht. „Mache dich auf, geh nach Ninive, der großen Stadt …" – der erste Teil der Beauftragung ist wie beim ersten Mal, der zweite Teil aber ein wenig anders formuliert als in Kapitel 1: Zum einen fehlt dieses Mal die Begründung „denn ihre Bosheit ist vor mich aufgestiegen", die auf Sodom und Gomorra anspielte (sie ist vermutlich schlicht gleich geblieben). Und zum anderen: Hieß es beim ersten Mal noch eher konfrontativ: „… und verkündige gegen sie!", heißt es jetzt: „und ruf ihr die Botschaft zu, die ich dir sagen werde." Ohne da zu viel hineinlegen zu wollen: „Vielleicht soll auf hintergründige Weise deutlich gemacht werden: Der Ruf Jonas kann und wird nach seiner Weigerung und seiner Flucht, nach seiner Wandlung, nicht mehr den Charakter einer ‚Predigt von oben‘ haben, sondern er soll ‚zu Ninive‘ sprechen“,[48] sozusagen auf Augenhöhe.

Der Inhalt der Botschaft, die Jona im Namen Gottes ausrichten soll, bleibt bei der zweiten Beauftragung offen! Was Gott genau sagen will? Das wird sich zeigen – je nach Situation! Positiv gedeutet: Gott wünscht sich eine enge Abstimmung mit Jona bezüglich des weiteren Vorgehens, eine enge Zusammenarbeit. Jona muss jetzt also gut darauf achten, was dran ist und was die richtigen Worte sind. Jona soll den Niniviten sagen, was Gott ihm sagt. (Zuhören ist eigentlich die Basisqualifikation eines Propheten, vgl. 2Mo 4,15f.; 7,1f.!)

Die genaue Botschaft bleibt also zunächst inhaltlich unbestimmt. Es zeichnet sich aber bereits subtil ab, dass es weniger um eine final wirkende Strafankündigung geht als vielmehr in Richtung einer „Mahnung, die auf Verhaltensänderung abzielt“.[49] „Jona wird dadurch stärker auf einen positiven Ausgang seiner Predigt vorbereitet“.[50] Er ahnte es eh schon von Anfang an ...

### Jona fügt sich halbherzig

Und Jona, ein wenig klüger geworden, aber nicht zwingend viel barmherziger, fügt sich. Er gehorcht widerwillig. Er ist möglicherweise noch nicht ganz überzeugt, dass er nicht nur das Wohlergehen seiner Glaubensgemeinschaft – also von denen, die schon zu Gottes Volk gehören – im Blick haben sollte, sondern auch das der „Verlorenen“.

Jona wirkt immer noch überfordert von Gottes Weite. Eigentlich ist Jona der Meinung, dass Gott in seiner Gnade nur für sein Volk, also Jonas Volks- und Glaubensgenossen, da ist. Die anderen Völker sollen Gottes strenge Gerechtigkeit zu spüren bekommen! Aber Jona realisiert: Ihm bleibt wohl keine andere Wahl. Er sagt sich vermutlich: „Bringen wir es hinter uns", brummelt lustlos: „Ich geh ja schon ...", und macht sich auf nach Ninive. „Es ist ein zögerlicher, schlecht gelaunter Gehorsam – aber immerhin Gehorsam."[51]

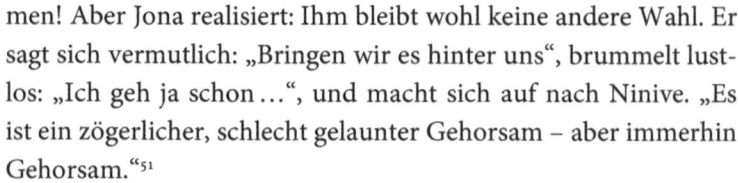

> [3] Da machte Jona sich auf und ging nach Ninive,
> gemäß dem Wort des HERRN. Ninive aber war eine
> große Stadt vor Gott, drei Tage zu durchwandern.

Jona geht widerwillig dahin, wo Gott ihn haben will: nach Ninive. Kein Wort verliert der Bericht über seine lange, 600 bis 1000 km lange Reise. In Zeiten ohne Flugverbindungen, Schienennetz und Autos bedeutete das bei einem Tagesdurchschnitt von 30 km ca. 20 bis 30 Tage Fußmarsch, wenn nicht mehr. (Esra brauchte etwa vier Monate für eine ähnliche Reise, vgl. Esra 7,9.)

Da hat man Zeit zum Nachdenken. Auf den Karawanenstraßen wird Jona einiges durch den Kopf gegangen sein, da wird einiges in ihm nachgeklungen haben. Oder ob er sich noch mehr reingesteigert hat in seinen Frust, so einen blöden Sonderauftrag erfüllen zu müssen? Es werden weder seine Reise noch seine Gedanken während der Reise näher erläutert. Wie auch immer: Irgendwann kommt er an, ist er da, vor der Stadtmauer von Ninive.

## God and the City

Ninive war, heißt es hier, eine „große Stadt vor Gott, drei Tage zu durchwandern". Das soll wohl heißen „eine selbst für Gott große Stadt". Eine außergewöhnliche Beschreibung. Das ist natürlich eine *Größenangabe*. Drei Tagesmärsche zu je 30 km entsprächen einer Strecke von 90 km. Unklar bleibt aber: Ist der Durchmesser oder der Umfang der Stadtmauer gemeint? Braucht man also drei Tage, um Ninive zu umrunden oder um die Stadt zu durchwandern? Oder ist die summierte Länge aller Straßen gemeint?

Möglicherweise bezieht diese Größenangabe eine größere Region ein – mit Ninive als Zentrum und zusätzlichen Siedlungen als Vororten; schon 1Mo 10,11f. spricht von vier Ortsteilen des Ninive-Bezirks. Auch heute gibt es ähnliche Ballungsräume, bei denen unklar ist, wo die Stadt endet und das Umland beginnt – der Großraum Köln z.b. besteht aus der Stadt und dem direkten Umland. Ein Bekannter von mir behauptete auch immer, er wohne in Köln, dabei lebte er streng genommen in Hürth. Ähnlich gibt es zum Beispiel bei der Metropolregion Berlin fließende Grenzen zum Speckgürtel um die Hauptstadt.

Letztlich sind die Berechnungsgrößen nicht so wichtig: „Der Leser soll nicht rechnen, sondern staunen, um so die folgenden Geschehnisse recht aufzunehmen".[52] Denn: Eine „große Stadt vor Gott", das ist nicht allein eine Größenangabe, sondern unverkennbar auch eine *Beziehungsaussage*! Ninive ist eine Stadt, die Gott wichtig ist. Sie hat Bedeutung für ihn. Er steht zu ihr bereits in einer besonderen Beziehung. Vielleicht in keiner einfachen Beziehung – schwierige Kinder erfahren in einer Familie erfahrungsgemäß ja auch mehr Aufmerksamkeit als die anderen. Die Formulierung klingt jedenfalls ziemlich provozierend für Israeliten – eine besondere Beziehung würde ein Israelit höchstens zwischen Gott und Jerusalem vermuten!

## Kurz und schmerzlos

........................................................................................

*⁴ Und Jona begann, in die Stadt hineinzugehen,*
*eine Tagereise weit. Und er rief und sprach:*
*Noch vierzig Tage und Ninive ist zerstört!*

........................................................................................

Jona kommt da an, wo er nie hinwollte. Er betritt die Stadt Ninive, geht durch die Gassen. Ist nach einiger Zeit mittendrin in dieser gottlosen Stadt, sieht die Häuser und Märkte. Beäugt die Menschen. Beobachtet sie, kommt aber nicht groß in Kontakt mit den Niniviten. Vielleicht denkt er: „Bis jetzt fühlten sie sich in Sicherheit. Wenn die wüssten, was ihnen droht!"

Er stößt „eine Tagesreise weit" in die Stadt vor. Versteht man die Formulierung „drei Tage zu durchwandern" aus Vers 3 im Sinne des Durchmessers, ist Jona am inneren Kreis, also am Stadtzentrum, angekommen. Dort wird er seine Botschaft los – bzw. Gottes Botschaft: „Noch vierzig Tage und Ninive ist zerstört!"

Jona sagt tatsächlich, was er sagen muss. Zwar nicht mit allzu viel Leidenschaft, aber er richtet es aus. Im hebräischen Text handelt es sich um eine Kurzpredigt von gerade einmal fünf Wörtern, aber ich vermute, dass damit nur die Quintessenz seiner Äußerungen zusammengefasst ist. Wenn Jona als Person den Niniviten ein „Zeichen" war (so steht es in Lk 11,30), muss er, vielleicht auf Nachfrage, schon etwas mehr erzählt haben. (Nicht ausgeschlossen, dass sein eigenes Erleben als „gelebte Prophetie" seiner Botschaft besonderen Nachdruck verlieh. Dass er selbst ein „Zeichen" ist, heißt ja, dass Jona in seinem persönlichen Auftreten, seiner prophetischen Existenz der lebende Beweis für Gottes Gnade ist!) Also: Ein wenig länger wird die Predigt schon gewesen sein, hier ist lediglich der wesentliche Kerninhalt festgehalten, das, was als zentrale Aussage hängenblieb.

„Noch vierzig Tage und Ninive ist zerstört!" Das also ist Jonas Kernbotschaft. Das bedeutet in anderen Worten: „Gott lässt euch ausrichten: Er ist mit eurem Leben überhaupt nicht einverstanden! Jetzt ist Schluss mit lustig. Eure Tage sind gezählt! Eure Zeit ist abgelaufen! So habt ihr keine Zukunft!"

Der Unterton bei Jona macht deutlich: „Da könnt ihr euch drehen und wenden, wie ihr wollt: Euer Untergang steht kurz bevor. Das ist beschlossene Sache. In weniger als sechs Wochen ist der Spuk vorbei." Bei Jona ist das eine Predigt ohne Ausweg, ohne Wenn und Aber. Es gibt bei Jona keine Hoffnungsperspektive (nach dem Motto „es sei denn...", „wenn ihr nicht sofort..."), nein, für ihn ist die Sache klar: „Ihr werdet Gottes Zorn zu spüren bekommen. Diese Suppe habt ihr euch selbst eingebrockt. Bald seid ihr reif!" In 40 Tagen, kündigt Jona an, wird Gott Ninive (so heißt es im Hebräischen wörtlich) „umdrehen", „umstülpen", „umkehren". Ihnen droht damit das gleiche Schicksal wie Sodom und Gomorra (1Mo 19,25)!

Das sind nur destruktive Aussagen bei Jona! Jona will ja auch gar nicht, dass die Menschen von Ninive ihr Leben ändern. Eigentlich will er nicht, dass die Ankündigung Wirkung zeigt – außer Erschrecken und Angst vielleicht. Jona hätte nichts dagegen, dass Gott das durchzieht mit der Vernichtung der Stadt. Das wäre die verdiente Strafe für diese Gottlosen, alles hoffnungslose Fälle. Das ist für ihn ein klarer Fall, alternativlos!

Bei seinem Auftritt in Ninive vermeidet Jona konsequent alles, was lösungsorientiert in Richtung Interaktion und Gespräch geht. Er bleibt trocken und sachlich-distanziert. Bezeichnend allein, dass Jona in der 3. Person redet – er spricht niemanden direkt an!

Jona erfüllt pro forma seinen Auftrag – aber ohne jede innere Beteiligung. Er wirkt wenig empathisch, nicht sehr einfühlsam, eher kühl und barsch. Wie ein Arzt, der einem Patienten lapidar die tödliche Diagnose übermittelt, grob die Lebenserwartung terminiert und dann schnell wieder den Raum verlässt.

Jona übermittelt „ein Wort von erschreckender Eindeutigkeit, das kein Wenn und Aber kennt".[53] Jona kündigt an, dass Gott Ninive die verdiente Strafe zukommen lässt. Aber das ist eher Jonas Wunschdenken.

## Eindeutig zweideutig

Bei näherem Hinsehen ist Jonas Botschaft nämlich nicht ganz so eindeutig, wie er sich das wünschen würde. Sie ist doppeldeutig: Was er Ninive von Gott ausrichten soll – „Noch vierzig Tage und Ninive ist zerstört!" –, müsste man wörtlich übersetzen mit „… und Ninive ist *umgedreht, umgekrempelt, auf links gedreht!*" Das kann „Zerstörung bedeuten, aber die Umwandlung kann sich auch auf das Verhalten der Menschen beziehen"[54] – im Sinne einer grundlegenden Veränderung zum Positiven, einer Lebens-Umkehr der Niniviten.

Klar ist nur: Gottes Sprachrohr sagt eine grundlegende Veränderung, eine grundsätzliche Umwandlung voraus. Gottes Ankündigung lässt Spielraum und Handlungsoptionen. Gott lässt sich nicht gerne festlegen, er ist ein „beweglicher Gott".[55]

Wie auch immer: Jona hat es erkennbar eilig, diesen unangenehmen Part hinter sich zu bringen und Ninive schnell wieder zu verlassen. Er will mit den Bewohnern von Ninive nicht mehr zu tun haben als unbedingt nötig. Er selbst zieht sich vermutlich unmittelbar nach Erfüllung des Auftrags zurück (4,5) – er spielt nach diesem Kurzauftritt gar keine Rolle mehr im dritten Kapitel. Alles weitere Geschehen spielt sich nur noch zwischen den Menschen aus Ninive und Gott ab.

Jona verkündet seine Botschaft, als wenn schon alles entschieden wäre. Im ambivalenten Wortlaut aber steckt die unausgesprochene Aufforderung an die Niniviten, ihr Leben zu ändern. Eine 40-Tage-Frist als Ultimatum ergäbe sonst ja auch keinen Sinn! Jona selbst ahnte ja eigentlich von Beginn an: Gott müsste Ninives Zerstörung nicht ankündigen, wenn sie unabänderlich beschossen wäre.

## Ninives *U-Turn*

Die Menschen von Ninive nehmen diesen ergebnisoffenen Unterton sensibel wahr: Sie verstehen die Botschaft als Ultimatum, als letzte Warnung, als letzte Chance, die es zu nutzen gilt:

...........................................................................................

*⁵ Da glaubten die Leute von Ninive an Gott; und sie
riefen ein Fasten aus und kleideten sich in Sacktuch
von ihrem Größten bis zu ihrem Kleinsten.*

...........................................................................................

Die Niniviten sind, als Jonas Botschaft die Runde macht, erschrocken. Sie sind getroffen und zutiefst erschüttert. Sie sagen nicht: „So ein Panikmacher!" oder „Was ist das denn für ein dahergelaufener Untergangsprophet ..." Jona wird weder ausgelacht noch zusammengeschlagen, sondern ernst genommen. Genauer gesagt: Gottes Botschaft wird ernst genommen, sie stößt auf Resonanz (fein deutet der Text das an: Sie glauben Gott, nicht Jona!). Der Bote, Gottes Prophet, war wirklich nicht gerade ein Aushängeschild seiner Zunft, aber die Botschaft kam an. Die Menschen in Ninive lassen sich ein auf einen Dialog mit Gott.

Die von Jona übermittelte Nachricht verfehlt ihre von Gott intendierte (und von Jona befürchtete) Wirkung nicht: Die Niniviten fühlen sich angesprochen von Gott. Gottes Wort löst etwas aus bei ihnen, nämlich eine „Kettenreaktion der Buße"![56]

Die Menschen in Ninive sind als brutal und rücksichtslos verschrien. Sie machen sich und anderen das Leben schwer, sind egoistisch und ungerecht, zerstören sich und andere, leben am Leben vorbei. Gott beschreibt sie letztlich als orientierungslos (4,11), als hilflos. Aber hier haben sie ein feines Gespür, sie merken: „Wir sind Gott nicht egal. Er meint es gut mit uns. Gott will uns erreichen. Er hat uns eine Botschaft übermittelt, die ins Schwarze trifft. So kann das wirklich nicht weitergehen!" Die Menschen in Ninive sind getroffen und zutiefst erschüttert. Sie sind abrupt aus ihrer Sicherheit gerissen!

Sie nehmen das aber konstruktiv auf, sie merken: Gott hat ja recht! Sie verstehen Gottes Botschaft als Aufforderung, ihr Leben zu ändern. „So habt ihr keine Zukunft": Das war das, was die Menschen in Ninive in dieser Situation hören mussten. Sie hören da auch noch einen anderen Unterton aus Gottes Botschaft heraus: „So haben wir keine Zukunft – aber vielleicht, wenn wir uns ändern?" Sie verstehen die 40-Tage-Frist als letzte Chance, die es zu nutzen gilt. Das bisherige Leben ist zum Untergang verurteilt, aber ein anderes Leben ist möglich. Und sie ergreifen die Chance zur Umkehr.

Damit – das hatte Jona befürchtet – verstehen die Bewohner von Ninive die angekündigte Vernichtung nicht als unabänderliche Tatsache, sondern als letzte Frist, „als Angebot der Hoffnung".[57] Das 40-Tage-Ultimatum eröffnet Handlungsspielraum für Ninive.

Die Menschen in Ninive nehmen Gottes Wort ernst. Sie denken um, sie kehren um. Sie haben den Ernst der Lage begriffen und verstehen ihren Anteil an der Situation. Sie realisieren den

Veränderungsbedarf, ihre eigene Schuld. Sie haben verstanden: So kann das wirklich nicht weitergehen! So haben sie wirklich keine Zukunft!

## ZUM WEITERDENKEN:
### Die Wahrheit über unser Leben

Gottes Wort hat eine lebensverändernde Kraft – wenn Menschen sich ansprechen lassen. Gott tauscht im Gespräch mit uns nicht bloß Nettigkeiten mit uns aus. Er spricht bei geeigneter Gelegenheit gerne die Wahrheit über unser Leben aus. Als Allwissender teilt er seine ehrliche Einschätzung über unser Leben mit uns. Das ist vielleicht manchmal hart, aber immer konstruktiv. Er legt nämlich seine Finger auf wunde Punkte, an die wir herangehen müssen – an die er mit uns herangehen will. „Die Wahrheit wird euch frei machen!", sagt Jesus (Joh 8,32 GNB).

Wenn Gott in das Leben von Menschen hineinspricht, hat das eine klärende, befreiende, heilende Wirkung. Wie genau tut er das heute? Wie spricht Gott in das Leben von Menschen hinein, in dein Leben, in mein Leben?

Möglicherweise hat Gott schon längst ein besonderes Wort über dein Leben gestellt, einen Bibelvers, der dich schon lange begleitet, der neu Bedeutung gewinnen kann. Bei manchen ist das ihr Taufspruch oder ihr Trauspruch. Der Trauspruch von meiner Frau und mir steht in Ps 73,23f. GNB: „Und dennoch gehöre ich zu dir! Du hast meine Hand ergriffen und hältst mich; du leitest mich nach deinem Plan und holst mich am Ende in deine Herrlichkeit." Diese großartigen Verse greifen bei uns beiden biografisches Erleben auf: Trotz Lebensphasen, in denen wir beide geistlich durchhingen, auf Distanz zu Gott und Gemeinde gingen, riss die Verbindung mit Gott nie ab. Unsere Trauverse berühren damit einen Gedanken, der uns beiden im Glauben besonders wichtig ist; wir verstehen diese Worte als eine Art geistliche „Überschrift" für unsere Ehe. Vielleicht hast du auch ein Gotteswort als Überschrift über deinem Leben, das es neu zu entdecken gilt?

Nicht selten übermittelt Gott seine Sicht der Dinge, indem er andere Menschen seine Gedanken aussprechen lässt. Gott spricht durch Menschen. Manchmal reicht es, dass Gott dir einen Satz übermitteln lässt, der dann auf geheimnisvolle Art und Weise seine Wirkung entfaltet. Das können kritische Rückfragen sein, horizonterweiternde Anregungen oder sorgenvolle Rückmeldungen.

Manchmal ist es ein Vers, der einem persönlich zugesprochen wird. Als ich gerade mein Studium abgeschlossen hatte, ganz stolz auf meine Magisterarbeit war, legte mir eine Freundin mit einem handgeschriebenen Brief Spr 3,5 GNB nahe: „Verlass dich nicht auf deinen Verstand, sondern setze dein Vertrauen ungeteilt auf den Herrn!" Nicht besonders nett als Glückwunsch? Hm, mag sein – aber es war passend und richtig, eine hilfreiche Einordnung. Ich habe länger auf diesem Gedanken herumgekaut.

Gott spricht, gerne durch andere, die Wahrheit über unser Leben aus. Diese Erfahrung habe ich schon öfter gemacht: Gott will mich ansprechen mit dem Wort, das ich gerade brauche. Nicht immer sagt Gott mir, was ich gerne hören will – aber immer, was ich gerade brauche, was ich hören muss. Das ist eigentlich ein riesiges Kompliment: Ich bin ihm nicht egal. Er meint es gut mit mir.

Immer wieder stößt Gott Menschen in besonderer Weise auf einen bestimmten Bibelvers.

– Vielleicht brauchst du gerade Ermutigung, und dann hörst du: „Er [Gott] gibt den Müden Kraft und die Schwachen macht er stark. […] Alle, die auf den Herrn vertrauen, bekommen immer wieder neue Kraft, es wachsen ihnen

Flügel wie dem Adler" (Jes 40,29–31 GNB). Das tut so gut! Dieser Zuspruch gilt dann ganz persönlich dir!

- Vielleicht machst du dir gerade große Sorgen. Und dann spricht Gott dir zu (Jes 41,10 GNB): „Fürchte dich nicht, ich stehe dir bei! Hab keine Angst, ich bin dein Gott! Ich mache dich stark, ich helfe dir, ich schütze dich mit meiner siegreichen Hand!"

- Vielleicht nagt es an dir, dass du dich nicht wertvoll fühlst. Und dann springt dich von dem Gott, „der dich ins Leben gerufen hat", der Satz an: „Fürchte dich nicht, ich habe dich befreit! Ich habe dich bei deinem Namen gerufen, du gehörst mir! [...] Denn ich bin der Herr, dein Gott; ich, der heilige Gott Israels, bin dein Retter. [...] weil du mir so viel wert bist und ich dich liebe" (Jes 43,1–4 GNB).

- Vielleicht drückst du dich vor einer klaren Entscheidung in deinem Leben, und dann stößt du auf Elias Aufruf: „Wie lange schwankt ihr noch hin und her?" (1Kön 18,21 GNB) oder auf den unmissverständlich zugespitzten Satz: „Glaube ohne entsprechende Taten ist tot" (Jak 2,26 GNB) – und du weißt, was jetzt dran ist, was du jetzt tun musst.

- Vielleicht hast du auch ein seltsam verzerrtes Gottesbild vermittelt bekommen und bist dir nicht sicher, ob Gott es überhaupt gut mit dir meint. Und dann packt dich Gottes Selbstbeschreibung, die er durch den Propheten Jeremia den Verschleppten in Babylon übermitteln lässt: „Mein Plan mit euch steht fest: Ich will euer Glück und nicht euer Unglück. Ich habe im Sinn, euch eine Zukunft zu schenken, wie ihr sie erhofft. Das sage ich, der Herr" (Jer 29,11 GNB).

- Möglicherweise fühlst du dich gerade weit weg von Gott. Und dann stolperst du über den Satz: „Nähert euch Gott, und er wird sich euch nähern" (Jak 4,8 GNB).

– Vielleicht legt Gott dir etwas aufs Herz und du bleibst stehen beim „Eigentlich müsste man mal". Und wenn dir dann Jak 4,17 keine Ruhe mehr lässt („Wer die Zeit und die Mittel hat, Gutes zu tun, und es nicht tut, macht sich schuldig") – dann könnte das Gottes Reden an dich sein.

Ich bin kein Freund davon, willkürlich aus dem Zusammenhang gerissene Halbsätze aus der Bibel unreflektiert eins zu eins auf sich anzuwenden oder losgelöst vom Kontext die in den „Losungen" angebotenen Verse als Orakel zu missbrauchen. Aber ich bin überzeugt davon, dass Gott in unser Leben sprechen möchte, die Wahrheit über unser Leben aussprechen will – und dass er das immer wieder durch sein bereits verschriftlichtes „Wort" tut, durch die Bibel. Sie enthält Sätze voller lebensverändernder Kraft und Worte, die wirken. Die Bibel stellt Gott vor, wie er war und ist und bleibt. Und immer wieder entdecken Menschen in der Bibel, wie Gott über Lebenssituationen denkt, die ihrer aktuellen ähneln – und was er in solche Lebenslagen hineinspricht. Das kann uns anregen, in unserer Situation mit ihm ins Gespräch zu kommen: „Gott, was denkst du? Ich brauche deine ehrliche Einschätzung!"

Wenn dir das so geht, wenn eine Bibelstelle dich persönlich anspricht, dich geradezu „anspringt" – dann grabe da einmal tiefer: In welchem Zusammenhang steht sie? Was sagt sie über Gottes Wesen, Gottes Art aus? Was genau trifft mich so tief? Meistens hilft es auch, mit anderen Christen in den Austausch zu gehen. Wie gesagt: Gott spricht gerne durch seine Leute...

## Wind of Change

Was für eine Überzeugungskraft hat Jona – wider Willen! Was für eine Kraft hat Gottes Wort! Es löst Veränderung aus, es krempelt Leben um! Es beginnt ein Prozess der Hinwendung zu Gott, eine klare Veränderung und Neuausrichtung. Es wird nicht berichtet, dass der Prophet Jona eine konkrete Anleitung zur Umkehr gab. So setzt die ganze Stadt kurzerhand eigeninitiativ Zeichen der Veränderung:

– Alle Bewohner der Stadt fasten, verzichten also aufs Essen. Wenn es um Leben und Tod geht, kann man das ohnehin nicht mehr genießen. Da vergeht einem der Appetit. Da konzentriert man sich auf das Wesentliche!

– Die Niniviten ziehen eine Art Trauerkleidung an. „Sacktuch" steht für raues Gewebe aus Kamel- oder Ziegenhaar, also aus sehr plumpem und kratzigem Stoff, ungefähr genauso modisch und bequem wie ein grober Jutebeutel. Ein solcher Kleiderwechsel war damals ein übliches Zeichen der Trauer, der Reue oder einer radikalen Abwendung vom bisherigen Leben (vgl. Est 4,3; Jes 58,5; Jer 6,26).

Die äußerlich sichtbaren Rituale machen (nach damaligen Gebräuchen) sichtbar, was unsichtbar innerlich passiert. Der leere Magen, die wenig vorzeigbaren und unbequemen Klamotten drücken Veränderungsbereitschaft, ein radikales Umdenken, eine Umorientierung des Lebenswandels weg vom Bösen, das Gottes Eingreifen ausgelöst hat (1,2b), aus. Jesus selbst (Mt 12,41; Lk 11,32) definiert das Verhalten der Niniviten als maßstabsetzend, als vorbildhaft.

# Königliche Notverordnung

......................................................................

*⁶ Und das Wort erreichte den König von Ninive; und er*
*stand von seinem Thron auf, legte seinen Mantel ab,*
*hüllte sich in Sacktuch und setzte sich in den Staub.*

......................................................................

Mächtige leben ja in gewisser Weise immer in ihrer eigenen Welt, abgeschottet vom normalen Leben und nur mit gefilterten Informationen versorgt. So erreicht die Nachricht von Jonas aufrüttelnder Botschaft den König von Ninive (sein Name wird nicht genannt, es handelt sich wohl um einen Regionalkönig oder Provinzgouverneur; Ninive war zu Jonas Zeit noch nicht Hauptstadt des Assyrerreichs) wohl mit etwas Zeitverzögerung.

Er greift dann aber sofort die spontane Bewegung von unten auf, reiht sich ein in die Masse der Menschen, die öffentlich eine Neuorientierung ihres Verhaltens geloben. Auch er drückt persönlich deutlich sichtbar radikale Veränderungsbereitschaft aus, um – wenn möglich – den Untergang der Stadt eventuell noch zu verhindern. Um ein Zeichen zu setzen, legt er alle Machtinsignien ab:

- Er steigt herab vom Thron; das soll deutlich machen: Er, dem sich sonst in Ninive alle unterordnen, steht nun selbst vor einem, der mächtiger ist als er. Er erkennt die Autorität von Jonas Gott an.

- Er legt seinen prachtvollen Mantel ab, Zeichen königlicher Macht. Er ordnet seine eigene Herrscherwürde Gott unter.

- Wie die übrige Bevölkerung zeigt er seine Betroffenheit, indem er Kleidung aus unangenehmem, grobem und kratzendem Stoff trägt.

– Er setzt sich in Staub und Asche statt auf edle Kissen und gepolsterte Stühle: damit verdeutlicht er, dass ihm seine eigene Vergänglichkeit sehr bewusst ist. (Er geht hier übrigens weiter als seine Untertanen; von denen erwartet er nicht, dass sie sich in Asche setzen.)

Er macht nicht nur mit, er formalisiert mit einem Erlass die Bußbewegung. Er ordnet teilweise an, was ohnehin schon umgesetzt wird. Aber er gibt damit der verunsicherten Bevölkerung Orientierung.

...............................................................................................................

*7 „Menschen und Vieh, Rinder und Schafe sollen gar nichts zu sich nehmen, sie sollen nicht weiden und kein Wasser trinken! 8 Und Menschen und Vieh sollen mit Sacktuch bedeckt sein und sollen mit aller Kraft zu Gott rufen und sie sollen umkehren, jeder von seinem bösen Weg und von der Gewalttat, die an seinen Händen ist".*

...............................................................................................................

Der König erlässt eine „Notverordnung" mit vier Paragrafen:[58] § 1 (Ernährung) und § 2 (Bekleidung) weiten die schon stattfindenden Symbolhandlungen der Niniviten aus. Ihre Haus- und Nutztiere sollen mit ihren Besitzern fasten und ebenfalls mit Sacktuch bedeckt werden. Das heißt konkret: Rinder und Schafe werden weder auf die Weide getrieben noch zur Tränke geführt. Warum ordnet der König das an? Es geht hier um Tiere, die eng mit den Menschen zusammenleben. Sie gehören quasi zur Familie. Mensch und Tier bilden eine Art „Schicksalsgemeinschaft".[59] Auf den Punkt gebracht: Wenn es schiefgeht, sind in Ninive alle Lebewesen tot. Deshalb will der assyrische König „den Schrei aller Geschöpfe zum Schöpfer vereinen".[60]

Zwei weitere Punkte der Notverordnung: § 3 (Petitionen) regelt, dass die Niniviten intensiv ins Gebet gehen sollen. Auch die Tiere sollen sich beteiligen. Dass auch sie „mit aller Kraft zu Gott rufen", kann man sich im wahrsten Sinn des Wortes vorstellen. Wenn sie nicht mehr gefüttert und getränkt werden, fangen die Tiere vor Hunger bald an zu blöken und zu brüllen. Das wird also ein großes Geblöke und Gemuhe zur Folge gehabt haben; die Tiere machen das ja nicht freiwillig und haben keinen Einblick in den größeren Zusammenhang...

§ 4 (Umkehr) regelt, dass jeder Einzelne für sich klären soll, was er falsch gemacht hat und wie er sein Leben in Zukunft gestalten möchte. Der König hebt zwar die Lebensumkehr durch einen „Staatsakt" auf eine kollektive Ebene – und doch kommt es entscheidend auf jeden Einzelnen an! Umkehr ist eine persönliche Sache, keiner kann sich hinter den anderen verstecken. Infolge der Notverordnung kommt das ganze Leben zum Stillstand.

## Vage Hoffnung

Es folgt die Begründung, warum das Ganze notwendig ist:

..........................................................................................

*⁹ Wer weiß, vielleicht wendet sich Gott und lässt es sich gereuen und kehrt um von der Glut seines Zornes, so dass wir nicht umkommen.*

..........................................................................................

Hier zeigt sich, wie zuvor beim Kapitän (1,6), vorsichtige Hoffnung auf einen gnädigen Gott. „Wer weiß, vielleicht" überlegt Gott sich das noch mal mit der Vernichtung Ninives! Der König weiß: Gottes Gnade ist kein Automatismus,[61] Reue und Umkehr begründen keinen Rechtsanspruch auf Verschonung und können Gottes Umdenken nicht erzwingen – dafür sind sie notwendige, aber nicht hinreichende Voraussetzung. Ob Ninive verschont bleibt, ob sie überleben, steht in Gottes Entscheidungsfreiheit. Sie *hoffen* aber auf ein Umdenken bei Gott, ausgelöst durch ihr Umdenken, ihre Umkehr.

## ZUM WEITERDENKEN:
### Unser Job: Kontaktvermittlung

Jona war ein bockiger Prophet, aber es bewegt sich einiges, als er endlich Gottes Botschaft ausrichtet. Wie muss das dann erst sein, wenn man Worte Gottes motiviert und begeistert weitergibt? Gottes Wort, in seinem Auftrag mutig und fröhlich in konkrete Situationen hineingesprochen, kann Vieles zum Guten verändern!

Gott illustriert die Wirksamkeit seines Wortes mit einem plastischen Bild: „Wenn Regen oder Schnee vom Himmel fällt, kehrt er nicht wieder dorthin zurück, ohne dass er etwas bewirkt: Er durchfeuchtet die Erde und macht sie fruchtbar, sodass sie Korn für das tägliche Brot hervorbringt und Saatgut für eine neue Ernte. Genauso ist es mit dem Wort, das ich spreche: Es kehrt nicht unverrichteter Dinge zu mir zurück, sondern bewirkt, was ich will, und führt aus, was ich ihm auftrage" (Jes 55,10f. GNB; vgl. auch Hebr 4,12).

Vielleicht sehnst du dich nach Gottes lebensverändernder Wirkung in deinem Umfeld. Wir sind eingeladen, mit Gott unterwegs zu sein und mit Hilfe des Heiligen Geistes herauszufinden, was Gott in bestimmte Lebenssituationen hinein sagen will, und ein Gespür dafür zu entwickeln, was Gottes Empfinden ist, was ihm wichtig ist, was ihn bewegt, was er sich wünscht. Kommt Gott bei mir zu Wort, höre ich auf das leise Reden des Heiligen Geistes in mir? Kommt Gott durch mich zu Wort (1Kor 2,13; 1Petr 4,11), bin ich offen für die verrückten Ideen, die Gott für mein Leben hat? Setze ich Impulse, die er mir gibt, mutig um?

Manchmal kann es zum Beispiel eine Möglichkeit sein, Bibelverse auf eine Karte zu schreiben und den Menschen zukommen zu lassen, die uns Gott aufs Herz gelegt hat und mit denen wir persönlich schon im Kontakt stehen. Zur Zeit sehe ich öfters, dass Menschen per *Social Media* mutmachende Bibelverse teilen – und oft erhalten sie dann als Feedback: „Das tat richtig gut!"

Wenn Bibelverse konkret in Situationen hineinsprechen, ist das wunderbar. Das kann ein erster Anknüpfungspunkt sein. Eins ist mir dabei wichtig: Wenn Bibelverse Wirkung zeigen, liegt das nicht daran, dass die Worte und Buchstaben an sich machtvoll sind. Bibelverse sind keine Zaubersprüche, die wir „einsetzen" können wie Zauberlehrlinge in Hogwarts. Auch eine Reduzierung der Wirkung auf die Macht meisterhaft gestalteter Formulierungen greift zu kurz. Selbstverständlich sind die Bibelbücher beeindruckende literarische Kunstwerke, und vermutlich ist die Bibel das bedeutendste und einflussreichste Buch überhaupt. Aber wenn Gottes Wort in Leben hineinspricht, Biografien verändert, liegt es in erster Linie daran, dass es *Gottes* Worte sind!

Letztlich kommt es für jeden Menschen darauf an, nicht nur „schön klingende" Bibelverse zu genießen, sondern: Jeder Vers, jeder biblische Gedanke, den wir weitergeben, sollte auf eine bestimmte Person verweisen, sollte eine Einladung sein, auf Tuchfühlung mit dem zu kommen, der für diese lebensverändernde Wirkung steht.

Die ersten Verse aus dem Johannesevangelium verdeutlichen, dass Jesus selbst die Verkörperung von Gottes Wort ist: „Er, das Wort, wurde ein Mensch, ein wirklicher Mensch von Fleisch und Blut. Er lebte unter uns ..." (Joh 1,14 GNB). Was Gott uns zu sagen hat, zeigt sich in ihm!

Unsere Aufgaben als Christen ist es, andere Menschen in Kontakt zu bringen mit ihm. Wir sind „Gesandte an Christi statt" (2Kor 5,20), wir sind mit göttlicher Autorität versehen (Joh 20,21). Wir benötigen ein gutes Unterscheidungsvermögen, um einschätzen zu können, wann dabei Gespräche und wann ohne viel Worte eher praktische Hilfe und konkretes Handeln gefragt ist. Nicht umsonst lautet das legendäre Motto der Heilsarmee „Suppe, Seife, Seelenheil" – in dieser Reihenfolge! Ihr Gründer, William Booth, wusste: „Man kann das Evangelium niemandem predigen, wenn er einen knurrenden Magen hat".

## Missionar wider Willen

Aus Jonas Sicht ist das ein äußerst ungewollter Erfolg. Schon wieder (wie bei der Schiffsbesatzung) machen Heiden, also Nichtjuden (aus Jonas Sicht also Falsch- bzw. Ungläubige) vor, wie man Gott konsequent vertraut. Und dass der König von Ninive es wagt, einfach so mit Gottes Entgegenkommen zu rechnen trotz großer Schuld – obwohl Gott üblicherweise doch nur mit *seinem* Volk solche Geduld hat… Das ist ein Gedanke, den Jona vor seinem Denkhorizont verstörend finden muss. Die Israeliten lebten doch schon seit geraumer Zeit von dem sehr speziellen Privileg, dass Gott trotz ihres Versagens an der Verbindung zu ihnen festhielt und äußere Feinde (zum Beispiel Assyrien!) in Schach hielt.

## ZUM WEITERDENKEN: Farbenfrohe Spiritualität

Man könnte meinen, Jona habe in seiner Kindheit keine Buntstifte abbekommen – bei ihm ist irgendwie alles schwarz-weiß. Sein Urteil fällt Jona mit großer Sicherheit und ohne Anflug eines

Zweifels: Die Niniviten sieht er als *massa damnata* an, als kollektiv Verdammte. Da ist für ihn Hopfen und Malz verloren. Gott allerdings folgt Jonas klar konturiertem Freund-Feind-Schema nicht. Der Schöpfer liebt alle seine Geschöpfe.

Wo dominiert bei mir Schubladendenken? Wo rechne ich nicht damit, dass sich jemand um 180 Grad drehen kann? Wo halte ich fest an einem allzu simplen und verurteilenden Schwarz-Weiß-Denken? Wo tue ich mich schwer mit einer farbenfrohen Spiritualität, mit der Veränderungsfähigkeit von Menschen, mit einer prozessorientierten Betrachtungsweise?

Es geht ja eben nicht darum, dass Gott den Niniviten alles durchgehen lassen will, dass sie „schon OK" sind, wie sie sind. Nein: Sie sollen ja eben nicht bleiben, wie sie sind! Aber Gott legt Wert darauf, mit ihnen in Kontakt zu kommen, ihnen die Wahrheit zu übermitteln und ihnen eine Chance zur Umkehr zu geben. Für Gott gibt es keine hoffnungslosen Fälle!

Wo bin ich zu schematisch in unserem Denken, nicht offen für Gottes dynamische Liebe? Manchmal kehren gerade solche um, denen ich das nie zugetraut hätte… Achte ich darauf, anderen auf Augenhöhe zu begegnen – von Sünder zu Sünder? Ist mir bewusst, dass mein Gegenüber von Gott geliebt ist – so wie ich?

Warum haben manche gläubigen Menschen überhaupt den Wunsch, genau zu differenzieren zwischen „Guten" und „Bösen", zwischen „Gläubigen" und „Ungläubigen", zwischen denen, die „draußen" sind, und denen, die „drinnen" sind (also *„wirklich dazugehören"* zu Gottes Volk, zum Kreis der Erlösten, zur elitären Gruppe der Rechtgläubigen)? Welches Gottesbild steckt dahinter, wenn man sich von stereotypisierten „Außenstehenden" scharf abgrenzen muss?

Heinz Zahrnt formulierte einmal provokativ: „Die entscheidende religiöse Trennungslinie verläuft heute nicht zwischen den Christen und den Nichtchristen, sondern zwischen den Selbstsicheren und den Unruhiggewordenen, zwischen den Gleichgültigen und den Wartenden, zwischen den Zufriedenen und den Betroffenen, zwischen denen, die fragen, und denen, die nicht mehr fragen. Dabei kann es durchaus geschehen, dass Christen und Nichtchristen miteinander auf derselben Seite zu stehen kommen."[62] Augustinus von Hippo benötigt für einen ähnlichen Gedanken weniger Worte: „Viele, die drinnen sind, sind draußen, und viele, die draußen sind, sind drinnen."

Manchmal haben Leute, über die besonders Fromme nur die Nase rümpfen, einen ganz engen Draht zu Gott, während manchen Frommen selbst Gott fremd geworden ist. Es ist ohnehin nicht unsere Aufgabe, da entsprechende Urteile zu fällen, denn „der Herr kennt die, die zu ihm gehören" (2Tim 2,19 GNB; vgl. auch Mt 13,24–30).

## Auch Gott denkt um

..............................................................................

*¹⁰ Und Gott sah ihre Taten, dass sie von ihrem bösen Weg umkehrten. Und Gott ließ sich das Unheil gereuen, das er ihnen zu tun angesagt hatte, und er tat es nicht.*

..............................................................................

Tatsächlich: Gott lässt sich umstimmen, er ist offenkundig beeindruckt von der Lebensveränderung der Niniviten. Gott sieht die Umkehr der Bevölkerung und merkt: Die Niniviten meinen es wirklich ernst, sie wollen tatsächlich ihr Leben ändern. Gott ändert seinen Plan, weil die Situation sich geändert hat. Ninive hat sich geändert. Ninive hat sich abgewandt von dem Bösen, das Auslöser war für Gottes Intervention. Da ergibt sich eine neue

Ausgangslage. Und Gott bleibt beweglich, er reagiert flexibel und dynamisch auf die Veränderung. „Bewegen sich die Menschen, wird oder ist Gott bewegt und bewegt sich selbst".[63]

Weil Jona doch noch umgekehrt ist und die richtige Richtung eingeschlagen hat, weil Ninive umgekehrt ist (3,8), kann auch Gott umkehren (3,9f.), seine Pläne modifizieren. Gott, der ankündigen ließ, die Stadt zu zerstören, bewertet die Situation neu und entscheidet neu: Er bläst den Untergang der Stadt ab. Er schenkt ihr eine Zukunftsperspektive. Ist Gottes Handeln nicht inkonsequent? Nein: Es besteht jetzt aufgrund der veränderten Lage keine Notwendigkeit der Bestrafung mehr. Gott muss die Stadt nicht „umkehren" (so die doppeldeutige Vokabel aus Vers 4), sie ist bereits vor Ablauf der Frist „auf links gedreht", wenn auch anders, als Jona es gern gesehen hätte. Es ist nicht nötig, die Stadt umzustürzen, wenn in Ninive, in den einzelnen Niniviten eine radikale Umkehr erfolgt ist und diese sich faktisch zeigt. Es steht hier eben nicht, dass Gott ihr Gebet hörte – das tat er auch –, sondern, dass er ihre *Taten* sah, sozusagen als sichtbaren Beleg der unsichtbaren inneren Umkehr (vgl. Lk 3,8).

Gottes Drohung war also tatsächlich „nur" eine ultimative Warnung, keine unabänderliche Zukunftsvorhersage. Gott spricht die Menschen aus Ninive an, er spricht die Wahrheit aus über ihr Leben. Das war genau die Ansprache, die Ninive brauchte, um weiterleben zu können, um weiterzukommen, damit die Stadt umkehrt kurz vor dem Abgrund. Manchmal hilft es, Konsequenzen zu skizzieren, damit sie nicht eintreten. Wenn ich meinem Kind sage: „Du hast seit Wochen dein Zimmer nicht mehr aufgeräumt und gesaugt. Mir reicht das jetzt mit den Silberfischen, die da aus den Spielzeugbergen am Boden rauskriechen. Morgen um 12:00 Uhr wandert alles, was auf dem Boden verstreut herumliegt, in den Müll", dann erhöht das extrem die Wahrscheinlichkeit, dass am nächsten Tag wieder der Teppich und der Laminatboden zu sehen sind. Das macht dann natürlich auch die angekündigte Konsequenz überflüssig!

Deswegen torpedierte Jona ja Gottes Projekt, wo er konnte, weil er von Anfang an ahnte: Gott droht Ninive die Vernichtung an, damit sie gerade nicht Wirklichkeit werden muss. Gottes Ziel war von Anfang an eine Änderung der Einstellung, eine Verhaltensänderung der Niniviten. Gott hat keinen Spaß daran, Menschen zu bestrafen und zu vernichten. Er will, dass Menschen von falschen Wegen umkehren und leben (Hes 18,23; 33,11; vgl. auch Jer 18,7f.; 26,3). Gottes Botschaft ermöglicht Ninive einen Neuanfang, ein Leben aus Gnade. Gott hat sein Ziel erreicht – zumindest bei den Bewohnern der Stadt Ninive. Bei seinem Propheten muss er noch mehr Mühe investieren...

## ZUM WEITERDENKEN:
### Die verändernde Kraft der Gottesbegegnung

Wir können eine Menge lernen von der Art und Weise, wie Jesus als das menschgewordene Wort Gottes problematischen Menschen begegnet. Gott lädt Menschen zur Umkehr ein, die wir vielleicht nicht einladen würden. Noch weitgehender: Er lässt sich gerne von ihnen einladen. Im Lukasevangelium gibt es eine aufschlussreiche Szene, in der Jesus live erklärt, was er gerade tut: „Sünder zur Buße rufen" (Lk 5,31f.). Und wie genau macht er das jetzt konkret, schwierige Menschen auf Abwegen zur Umkehr aufzurufen? Nun, erstaunlicherweise, indem er ein Festessen genießt und lange gemütlich mit ihnen zusammensitzt.

Das ist so typisch Jesus: Er begegnet Geächteten, Gemiedenen und Gescheiterten in Liebe, er pflegt enge Gemeinschaft mit ihnen. Gott fragt bei Menschen nicht lange danach, was sie in der

Vergangenheit Falsches gemacht haben, sondern danach, ob sie ihn jetzt ernst nehmen und mit ihm leben wollen.

Auf die problematischsten Gestalten, auf die nach Ansicht der Frommen religiös Disqualifizierten geht Jesus ohne Vorurteil zu. Er sucht sie da auf, wo sie gerade sind, und sucht das Gespräch mit ihnen. Er erhebt sich nicht über sie, er feuert keine Bußpredigt von außen auf sie ab, er beschimpft sie nicht, er bekämpft sie nicht, er ächtet sie nicht – nein: er begegnet ihnen offen und ehrlich, hört ihnen geduldig zu. (Diese Geduld bringt Jesus übrigens im Gespräch mit den besonders Frommen seiner Zeit nicht in ähnlicher Weise auf, da findet er sehr harsche und radikale Worte!)

Jesus setzt klar auf die vorurteilsfreie, verändernde Kraft der Begegnung mit ihm! Wir sind eingeladen, in ähnlicher Weise Gottes Wort zu den Menschen zu bringen – und Menschen zu Jesus zu bringen, denn Gott geht „durch Menschen auf Menschen zu, damit Menschen auf Gott zugehen".[64] Unsere Herzen dehnen sich aus, gewöhnen sich an Gottes Gnade und Weite, wenn Gottes Herzensanliegen in uns Raum gewinnen. Gottes wichtigstes Herzensanliegen ist es (1Tim 2,4), „dass alle Menschen gerettet werden und zur Erkenntnis der Wahrheit kommen." Wenn wir uns anstecken lassen von Gottes Herzenswunsch, orientierungslosen Menschen die Richtung zu weisen, heißt das konkret, dass wir orientierungslose Menschen auf Jesus Christus hinweisen, dass wir sie einladen, sich persönlich von ihm ansprechen zu lassen.

Als „Briefe Christi" werden wir von den Menschen um uns herum „gelesen" (2Kor 3,3). Wir haben die Möglichkeit, exemplarisch und authentisch zu vermitteln: In Beziehung zu Jesus zu leben, das heißt, ein Leben mit Ziel und klarer Ausrichtung zu leben, neu anfangen zu können, voranzukommen, lernen zu können und aus der Gnade leben zu können. Wir verkörpern als „Briefe Christi" Gottes Reden; Gottes Worte sind „in unsere

Herzen eingeschrieben" – was lesen die Adressaten, unsere Nach-
barn, Freunde und Kollegen, aus meinem Reden, Tun und Sein?

......................................................................

„Mein Plan mit euch steht fest: Ich will euer Glück und nicht euer
Unglück. Ich habe im Sinn, euch eine Zukunft zu schenken, wie
ihr sie erhofft. Das sage ich, der Herr."
(Jer 29,11 GNB)

# Therapeutisches Gespräch (Jona 4)

„Das Blöde ist,
immer, wenn wir eine Grenze
zwischen uns und den anderen ziehen,
steht Jesus auf der anderen Seite."
*Matthew Bolz-Weber*[65]

„... unser Verhältnis zu Gott
ist ein neues Leben im ‚Dasein-für-andere‘,
in der Teilnahme am Sein Jesu. [...]
Die Kirche ist nur Kirche, wenn sie für andere da ist."
*Dietrich Bonhoeffer*[66]

In meiner Gemeinde, der Christuskirche im Westfalenweg in Gütersloh, setzen wir auf mündiges Christsein. Wir haben das in einem Leitsatz einmal so formuliert: „Wir unterstützen uns gegenseitig dabei, Glauben eigenverantwortlich zu leben." Damit können allerdings nicht alle gut umgehen.

## Sehnsucht nach Eindeutigkeit

Als Gemeindeleitung wurden wir in den letzten Jahren immer wieder von einzelnen Mitgliedern angesprochen, die wünschten, dass wir inhaltlich klar Position beziehen und strittige Themen per Ansage von oben regeln, dass wir deutlich sagen, was richtig und was falsch ist, wer richtig liegt und wer falsch, was man darf und was nicht. An uns wurde aus der Gemeinde heraus immer mal wieder der Wunsch herangetragen, Eindeutigkeit herzustellen, unmissverständliche Regeln zu etablieren und durchzusetzen. Dabei ging es um ganz verschiedene Themen:

- „Christen dürfen doch kein Tattoo haben! Das müsst ihr in den Predigten unmissverständlich zur Sprache bringen!"

- „Der Jugendreferent darf doch in einem Gottesdienst keine Baseballcap tragen, warum kriegt der keine entsprechende Ansage von euch?!"

- „Die Gemeinde muss ohne große Diskussion sofort alle ausschließen, die Sex vor der Ehe hatten!"

- „Unsere Gemeinde muss klipp und klar Position gegen Homosexuelle beziehen!"

- „Die Gemeindeleitung muss langsam mal klarstellen, welches Endzeitmodell jetzt das richtige ist! Da haben manche völlig falsche Vorstellungen!"

Man merkt schnell: Es geht manchen Christen nicht nur darum, dass die Gemeindeleitung sich klar positioniert, sondern dass genau die Position, die sie für die einzig richtige halten, als verbindlich für alle anderen erklärt wird. Das ist manchmal wirklich erstaunlich: Es gibt Gläubige, die haben auf jede Frage, auf jede Lage eine glasklare Antwort – ohne viel Interpretationsspielraum, ohne den Hauch eines Zweifels. Manche wissen immer ganz genau, was richtig und was falsch ist und wie man das Falsche bekämpfen muss: „Die Ehe für alle, die geht gar nicht, da müssen wir öffentlich gegen kämpfen!" (Äh, nun ja, die Trennung von Kirche und Staat ist allerdings auch nicht die allerschlechteste Idee …) Oder: „Wir müssen etwas dagegen unternehmen, dass der Islam in Deutschland immer mehr an Boden gewinnt!"

(Rückfrage: Ist es Aufgabe der Christen, *gegen* etwas zu kämpfen oder sich *für* etwas einzusetzen?) Beliebt auch: „Wir müssen
uns gegen den Zeitgeist stemmen!" (Ja, aber da muss man schon
genauer hinschauen: Was genau ist denn das Bedrohliche daran?
Was haben wir denn im Gegenzug anzubieten? Und: Wie können
wir mit Menschen unserer Zeit in Kontakt kommen, um ihnen die
Gute Nachricht zu übermitteln, wenn wir mit ihren Sehnsüchten,
Bedürfnissen, Nöten, Themen, Ausdrucksweisen und Kommuni-
kationsmitteln keinerlei Berührungspunkte haben?)

Ich verstehe diese Sehnsucht nach Eindeutigkeit und Klarheit,
die manche Christen antreibt. Keine offenen Fragen mehr zu
haben, das kann das Leben scheinbar sehr einfach machen, das
kann einem ein Gefühl der Sicherheit geben. Das Buch Jona zeigt
aber: Das kann eine trügerische Sicherheit sein. Und: Es besteht
die große Gefahr, beim Kampf um die richtige Interpretation und
Anwendung der Bibel den Kern des Glaubens völlig aus dem Blick
zu verlieren.

## Wunsch nach klaren Fronten

Um nicht falsch verstanden zu werden: Es ist natürlich extrem
hilfreich, als Christ Orientierung zu haben, keine Frage. Eine klare
Vorstellung davon zu haben, wie Gott sich unsere Lebensgestaltung vorstellt, z.B. in Bezug auf Sexualität, Beziehungsgestaltung
und Finanzen – das ist sehr wichtig! Zu wissen, was Gott sich für
unser Leben wünscht, tut gut und hilft uns weiter. Und, ja: Beliebigkeit und *anything goes* ist nicht in Gottes Sinn. Es ist eben nicht
alles egal.

Aber ich wehre mich vehement gegen den Wunsch nach klarer,
kompromissloser Eindeutigkeit, wenn dahinter der Wunsch nach
klaren Fronten steckt, wenn allzu sehr ein Schwarz-Weiß-Denken
überhandnimmt.[67] Wenn Christen sich bis ins Detail allzu sicher

sind, was falsch und was richtig ist und vor allem wer falsch liegt, werde ich sehr misstrauisch.

Ich werde skeptisch, wenn bei Christen große Selbstsicherheit im Glauben gepaart ist mit großer Unbarmherzigkeit und mit Hochnäsigkeit. Ich werde hellhörig bei Pauschalurteilen über...

- *„die* Katholiken", *„die* fundamentalistischen Evangelikalen", *„die* Charismatiker" oder *„die* liberalen Christen" (je nach Standpunkt),

- *„die* Homosexuellen",

- *„die* Muslime" oder *„die* Ausländer".

Gerade Christen, die es ernst meinen mit Gott und dem Glauben, stehen in Gefahr, kompromisslos alle Menschen zu verurteilen, die nicht GLINUS sind („gläubig in unserem Sinne"). Gerade Christen, die alles richtig machen wollen, sind besonders gefährdet, einen zu engen Horizont, ein zu enges Herz zu bekommen. Das ist dann der „Jona in mir".

Der „Jona in mir" zeigt sich in Rechthaberei, im Sich-abgrenzen-Müssen, im Verurteilen anderer, in unbarmherziger Gesetzlichkeit, in knallharter Unterscheidung zwischen „uns" und Andersdenkenden, „Ungläubigen", „Falschgläubigen". Implizites Motto: Wir mit Gott auf der richtigen Seite gegen den Rest der Welt. Wir gegen alle anderen, die am Ende ihre gerechte Bestrafung erhalten werden.

Jona ist so ein Typ: Er wünscht sich immer Eindeutigkeit und pflegt ein klares Freund-Feind-Denken. Er spart nicht mit harten Urteilen über andere. Konstruktive, weiterbringende Ansätze sind bei ihm nicht einmal im Ansatz zu erkennen. Gott hat seine liebe Mühe mit Jona, ihm seine Weite näherzubringen.

## Jona vs. Gott

In Jona 4 ist die Stadt Ninive gerade vor dem Untergang gerettet. Jonas Begeisterung darüber hält sich sehr in Grenzen. Hier zeigt sich wieder seine Engherzigkeit: Jona passt das gar nicht, dass Ninive ungeschoren davonkommt. Ihm wäre es lieber, Ninive würde komplett vom Erdboden verschwinden.

...............................................................................

*¹ Und es missfiel Jona sehr, und er wurde zornig.*

...............................................................................

Jona kriegt die Krise. Er ist sauer auf Gott, redet sich in Rage. Er kocht innerlich! Es ist Freude im Himmel über einen Sünder, der umkehrt (Lk 15,7; 15,10) – und großer Ärger bei Jona über eine ganze Stadt, die ihre Lebensausrichtung korrigiert!

Es wird mehr als deutlich: Jona hat andere Vorstellungen als Gott. Seine Ziele sind andere als Gottes Ziele. Jona hat für Ninive nur Verachtung übrig. Er kann da nichts Liebenswertes entdecken. Für ihn ist Ninive eine Stadt voller Sünde, voller Sünder. Die leben falsch, die liegen falsch. Die sind dem Untergang geweiht.

Ninive ist eine Problemstadt, und dieses Problem hätte Gott Jonas Auffassung nach besser in seine einzelnen Moleküle aufgelöst, alle Niniviten der gerechten Strafe zugeführt – dann wäre alles wieder in bester Ordnung. Untergang, Tod, Gottes Gericht – das wäre dran gewesen. Die dürfen doch nicht ungestraft davonkommen!

Jona – so stelle ich mir das vor – ist jetzt abgrundtief enttäuscht: „Na toll, Gott! Ich hab's geahnt, ich hab's befürchtet: Du ziehst das nicht konsequent durch. Du schickst mich nach Ninive, um der Stadt den Untergang anzukündigen, die mehr als verdiente Strafe! Du setzt alles in Bewegung, einen Sturm, einen Fisch, um mich dazu zu bringen, den Auftrag doch noch zu erledigen. Jetzt bin ich wochenlang mühsam hierhergelatscht, nachdem der große Fisch mich wieder ausgespuckt hat, sage Ninive in deinem Auftrag todesmutig den Untergang an, sogar terminiert: ‚In 40 Tagen gehen hier die Lichter aus! Gott hält das nicht mehr aus mit euch!' – Ja, und dann – dann passiert gar nichts! Kein Feuer fällt vom Himmel, kein Erdbeben legt Ninive in Schutt und Asche. Nichts dergleichen geschieht. Gar nichts! Gott, warum so viel Aufwand, wenn letztlich nichts passiert?"

Und Gott antwortet Jona vielleicht: „Es ist nichts passiert? Meinst du das ernst?" Es ist viel passiert in Jona 3. Nur etwas ganz anderes, als es der engherzige Jona erhofft hatte.

## Gottes therapeutischer Ansatz

Spätestens an dieser Stelle wird offensichtlich: Die Stadt Ninive ist nicht das einzige Problem, möglicherweise nicht einmal das größte, das Gott gerade hat. Mit Jona hat Gott definitiv die meiste Arbeit! Im vierten Kapitel ist Gott im angeregten Gespräch mit Jona – um mit ihm das Geschehene zu reflektieren. Diese Abschlussdiskussion ist spannend zu verfolgen – sie findet nämlich in einem geradezu therapeutischen *setting* statt. Gott will mit Jona herausarbeiten, wo Jonas Problem liegt. Wo diese Enge herkommt, die Jona einengt, die Gottes Handlungsspielraum zu begrenzen droht und die andere Menschen in eine Schublade zwängt.

Gott führt mit Jona tatsächlich so eine Art Gesprächstherapie. Er will Jona zum Nachdenken anregen, ihn dazu bringen, seine festgefahrene Position zu überdenken. Gott schafft es auf diese Weise, im vierten Kapitel die gravierenden Meinungsverschiedenheiten zwischen ihm und seinem Propheten offen zur Sprache zu bringen und auszudiskutieren. Er lädt Jona ein zur Selbstreflexion. Gott stellt eigentlich nur die richtigen Fragen – und lässt Jona reden.

Jona redet gern und viel – er ist sich seiner Sache so sicher! Aber Gott wünscht sich nichts mehr, als dass Jona sich in Gottes Weite führen lässt. Dass er lernt, Gottes Gnade zu genießen und großzügig weiterzuschenken. Dass er Mitleid lernt für die von ihm so verachteten Sünder, dass er merkt, dass sie ohne Hilfe aus ihrer Lage nicht herauskommen. Nicht zuletzt wünscht sich Gott, dass sein Prophet dazulernt und ihn, den Allmächtigen mit dem großen Herzen, besser kennenlernt.

## Jona redet offen

In der Gesprächstherapie mit Gott kommt in einem ersten Schritt endlich heraus, was die ganze Zeit tief in Jona brodelte. Die tieferen Schichten seiner Persönlichkeit werden sichtbar, das Fundament, auf dem sein Glaube steht. Zum zweiten Mal (nach dem Psalmengebet in Kapitel 2) betet Jona. Was „betet" er denn?! Das ist – genauer betrachtet – eher ein „Anti-Gebet".[68]

Jona redet sehr offen. Man könnte auch sagen: Er redet sich um Kopf und Kragen. Immerhin gibt er den Grund für seine Flucht preis, den Grund, warum er die ganze Zeit Gottes Ziel torpediert hat. (Nicht, dass Gott das nicht die ganze Zeit schon gewusst hätte, aber für Jona ist es weiterführend, wenn er seine Gedanken offen ausspricht!)

...........................................................................................

*2 Und er [Jona] betete zum HERRN und sagte: Ach, HERR!*
*War das nicht meine Rede, als ich noch in meinem Land war?*
*Deshalb floh ich schnell nach Tarsis! Denn ich wusste, dass du*

*ein gnädiger und barmherziger Gott bist, langsam zum Zorn*
*und groß an Güte, und einer, der sich das Unheil gereuen lässt.*

....................................................................................

Hier zeigt sich die „grundlegende Einstellung", die „sein Verhalten von Anfang an bestimmt hat".[69] Es sprudelt nur so aus Jona heraus – und die Häufigkeit der Wörter „ich" und „mein" macht deutlich, wie sehr er sich um sich dreht, die Welt aus seiner Perspektive heraus bewertet.

„Ich hab's geahnt! Ich wusste es!" In seinem Redeschwall will Jona selbstbewusst und selbstsicher klingen, obwohl seine alten Sicherheiten eben offensichtlich nicht mehr tragen. Sein „Ich wusste es" hebt sich deutlich ab von den vorsichtigen Äußerungen des Kapitäns (1,6) und des Königs (3,9), die nur ihre Hoffnung formulieren, dass Gott, dessen Handlungsspielraum sie respektieren, sie, „wer weiß", „vielleicht" vom Tod verschonen wird. „Jona kennt kein Vielleicht".[70]

## „Du bist zu gnädig – zu anderen"

Jona hält wie ein kleiner Besserwisser Gott einen Vortrag und macht ihm Vorwürfe. Jona beschwert sich, Gott sei zu gut, zu gnädig! Er greift dabei zurück auf ein altes Glaubensbekenntnis; Jona zitiert die zentrale liturgische Bekenntnisformel Israels, die sog. „Gnadenformel" – eine traditionsreiche liturgische Formulierung ähnlich wie heute das „Vaterunser" oder das Apostolische Glaubensbekenntnis.

Diese als Formel verdichtete Glaubensüberzeugung, die Gottes Charaktereigenschaften beschreibt, kommt in leichten Variationen öfters im Alten Testament vor. Ursprünglich stammt sie aus der Mose-Überlieferung (2Mo 34,6f.). Als sich am Sinai damals alles um die Frage drehte, ob und wie für das Volk Israel trotz des

Goldenen Kalbs noch eine Gottesbeziehung möglich ist, war das die entscheidende, alles ändernde und rettende Aussage: Gott ist unfassbar geduldig und vergebungsbereit.

„Gnädig und barmherzig, langsam zum Zorn und groß an Güte": Das sind Sätze, mit denen Gott sonst gelobt wird, mit dem Gott Komplimente gemacht werden. Diese Aussagen wirft Jona ihm nun an den Kopf. Jona funktioniert den Kernsatz dieses Glaubensbekenntnisses geradezu als Vorwurf gegen ihn um. Warum? Weil Gott aus seiner Sicht die falsche Zielgruppe im Auge hat! Jona wendet sich gegen Gottes Gnade, Geduld, Barmherzigkeit – weil sie Ninive gilt! Das passt nicht in sein Schema.

Zu allem Überfluss variiert Jona das Glaubensbekenntnis auch noch vielsagend: Im Vergleich zu 2Mo 34,6f. und Ps 86,15 lässt er die „Treue" als zentrale Eigenschaft Gottes weg; diesen Passus streicht Jona. Klar, es gibt im Alten Testament weitere Varianten der „Gnadenformel" (etwa 4Mo 14,18; Neh 9,17.31; Ps 103,8.17; 145,8; Mi 7,18–20; Nah 1,2f.) und in Joel 2,13 findet sich sogar noch einmal die Jona-Version. Aber es passt irgendwie, dass Jona von Gottes Reue spricht, wo in der Originalfassung Gottes „Treue" gefeiert wird. So ergibt sich ein zornig-halbiertes Zitat.[71]

## Sicherheit durch Kontinuität

Noch einmal zur Einordnung: Hier liegt Jona ben Amittai sozusagen auf der Couch bei Gott. Vielleicht war ja auch seine Kindheit Thema in diesem therapeutischen Gespräch mit Gott. Sein Name, „Jona, Sohn des Ammittai", auf Deutsch: „Sohn der Treue", könnte durchaus als Hinweis gesehen werden, wie wichtig ihm Beständigkeit, Verlässlichkeit und Planbarkeit ist. Möglicherweise besteht nämlich ein Zusammenhang zwischen Jonas Gottesbild und seinem Vaterbild.[72] Jona wünscht sich vielleicht so einen Gott, wie sein Vater („Herr Zuverlässig") war: einen Gott, mit dem er rechnen kann, der das hält, was er verspricht, der Sicherheit durch Kontinuität gibt.[73] Jonas „unbewegliche Theologie"[74] lebt von Stabilität. Und „der gnädige und barmherzige Gott", der immer wieder für Überraschungen gut ist, „ist für den konservativen Jona ein schwankender Gott, unzuverlässig und nicht treu"![75] Jona versteht Gottes „Reue", sprich: seine Freiheit, umzudenken, flexibel zu agieren, als „Untreue".

Was Jona nicht begreift: Gottes „Reue ist der Ausdruck seiner Treue".[76] Seine Treue, also sein verlässliches „Zum-Menschen-Stehen", zeigt sich eben darin, dass er auch Richtungsänderungen mitgeht, Menschen hinterhergeht.

## „Du bist doch unser Gott!"

Jona merkt, während er seine Wut herauslässt, gar nicht, dass er diesen massiven Vorwurf nur äußern kann, weil Gott auch mit ihm gnädig und geduldig ist. Gott reagiert nämlich auf Jonas Unverschämtheit – genau: mit Güte und Geduld. Er zeigt genau die Eigenschaften, die Jona ihm vorwirft. Aber er hat nichts dagegen, wenn er selbst davon profitiert… Jona lebt selbst von dieser Flexibilität Gottes, von seiner Bereitschaft, auf veränderte Umstände, auf Umkehr verständnisvoll zu reagieren, statt stur nach Schema F vorzugehen!

Jona ist also sauer auf Gottes Güte – von der er selber lebt! Er selbst kommt als Geretteter nach Ninive! Aber Jona denkt, diese Güte soll und darf nur für ihn und das Gottesvolk Israel gelten. Die Übertragung des Bekenntnisses von Israel auf Ninive macht Jona sauer. Das böse Ninive wird von Gott gleich behandelt wie das durch Ninive potentiell bedrohte auserwählte Volk? Jona ist engstirnig: Assyrer müssen als Feinde vernichtet, nicht zu Gott geführt werden! Und ausgerechnet denen schenkt Gott einen Neuanfang!

Das ist Jona eine unerträgliche Vorstellung! Die „Gnadenformel" gilt doch nicht für jeden dahergelaufenen Sünder?!

Jona fragt Gott mit anderen Worten: „Gott, auf welcher Seite stehst du eigentlich? Nicht auf unserer?" Es ist unerträglich für Jona, dass Israels Privilegien nun scheinbar keine mehr sind und sogar für Ninive gelten. Es ist für ihn unverständlich, dass das Gottesvolk offenkundig nicht mehr bevorzugte Behandlung genießt. Jonas Position: „Israel ist das auserwählte Volk, das du liebst und das mit dir verbunden ist! Alle anderen sind folglich nicht auserwählt, nicht geliebt, nicht mit dir verbunden. Deine Nähe – das ist doch unser Privileg!" Sonst wäre seiner Ansicht nach die Sonderstellung des Volkes Israel futsch! Damit käme Jona nicht zurecht.

Jona denkt: „Es muss doch ein paar Auserwählte, Bevorzugte geben! Und das sind doch wir Israeliten! Gott hat für *uns* da zu sein! Ist er für andere da, ist er ja nicht mehr für uns da! Sonst wäre das doch gar nichts Besonderes mehr, zu Gott zu gehören!"

Gott könnte darauf antworten: „Jona, glaubst du ernsthaft, ich habe euch auserwählt, weil ihr so toll seid? Da brauchst du dir gar nichts drauf einzubilden!" (In der Tat: Gott hat nach eigener Aussage Israel nicht wegen seiner Vorteile auserwählt, sondern nur aus Liebe: 5Mo 7,6–8!) Angesichts eines solch unverdienten Geschenks ist Stolz tatsächlich unangebracht, Dankbarkeit wäre viel passender ...

Aber für sein Volk, für sich hinterfragt Jona dieses Privileg von Gottes Entgegenkommen überhaupt nicht, es steht für ihn gar nicht in Frage, dass es Israel zusteht – aber für Ninive, das einfach „böse" ist, so viel ist für Jona klar, kann das definitiv nicht gelten. Gott soll sich um Israel, um das Gottesvolk, genauer: um Jona kümmern und den Rest der Welt seinem Schicksal überlassen bzw. Sünder scharf zur Rechenschaft ziehen.

Es hat Jona dann doch nicht viel gnädiger gemacht, in Kapitel 2 Gottes Gnade hautnah erfahren zu haben. Er nimmt sie für sich wie selbstverständlich in Anspruch, anderen gönnt er sie nicht. Hier kommt wieder der alte Jona durch – Veränderung braucht eben Zeit. Wir werden eben nicht mit einem Fingerschnipp ein anderer Mensch. Die Realität hinkt manchmal deutlich hinter dem her, was Gott schon als Potential in uns sieht. Wir brauchen Geduld mit uns. Gott hat Geduld mit uns.

### „Du bist inkonsequent!"

„Liebe Bewohner von Ninive, eure Vernichtung steht fest. Das ist beschlossen und verkündet. Sie ist sogar terminiert." Das war Jonas Botschaft, die er der Stadt in Gottes Auftrag ausrichtete. „Gott", ruft er möglicherweise jetzt seinem Auftraggeber zu, „in der Heiligen Schrift heißt es doch, dass du dich nicht einfach umentscheidest und hopplahopp einfach so deine Meinung änderst, sondern dass du stringent und konsequent bist und Sachen, die du angekündigt hast, auch verlässlich durchziehst (4Mo 23,19; 1Sam 15,29)! Man muss sich doch auf dich verlassen können!"

Man kann sich das so schön ausmalen, wie es in diesem Dialog zwischen Gott und Jona hin- und herging! Jona: „Gott, das war deine Chance, ein Zeichen zu setzen! Ein Zeichen der Gerechtigkeit!" Gott sagt: „Ich hab' doch ein starkes Zeichen gesetzt! Ein Zeichen meiner Gnade und Liebe!" Dass Gott hier weich wird, das ist kein Zeichen der Schwäche, sondern der Stärke – der Stärke seiner Liebe. Gott hat einfach ein großes Herz … (Ein Erklärungsversuch aus Hos 11,8 formuliert es so: Manchmal wendet sich Gottes großes Herz gegen ihn selbst, so dass er auf die eigentlich fällige Bestrafung verzichtet und Menschen eine neue Chance gibt.)

Jona passt das nicht: „Gott, du bist nicht konsequent! Wer A sagt, muss auch B sagen. Gott: du hast wahrgenommen, wie böse Ninive war, du hast die Vernichtung angekündigt, du musst jetzt deine Drohung wahr machen, sonst nimmt dich keiner mehr ernst! Klare Kante! Ich würde das gnadenlos durchziehen!" Gott: „Jona, genau: die Gnade ist das, was uns unterscheidet!" Jona: „Denk an den Abschreckungseffekt! Man muss doch klar zwischen Gut und Böse trennen! Gott, du musst doch bei Ninive hart sein, kraftvoll durchgreifend. Warum bist du hier so weich?" Gott: „Jona, was wäre mit dir, wenn ich hart und kompromisslos durchgreifen würde?! ... Nur so 'ne Frage ..."

## Gott braucht Bewegungsspielraum

Jona braucht Klarheit, feste Sicherheit, ein klares Weltbild (er würde sagen: einen festen, unverrückbaren Glauben). Er will nicht nur recht behalten, er braucht konsequente Eindeutigkeit! Für Jona führt an strikter Anwendung des Gesetzes kein Weg vorbei. „Für ihn ist göttliche Gnade nicht nur überflüssig, sondern sogar schädlich, da sie die Autorität des Gesetzes in Frage stellt. Sie zerstört die Verlässlichkeit der Bestrafung und verwischt die Eindeutigkeit des Rechts, indem sie einen unberechenbaren Faktor einfügt".[77] „Wovor er flieht und was ihn in die Krise stürzt, ist die ‚Zweideutigkeit'". [78] Mit einem „unberechenbaren Gott" kann Jona nicht gut umgehen ...

Jona will klare Fronten. Er braucht ein festgelegtes, geordnetes Glaubenssystem mit unverrückbaren Koordinaten – er klammert sich an ein System, in dem alles ohne Spielraum seine feste Ordnung hat, in dem alles unmissverständlich und unabänderlich feststeht. Er braucht klare Verhältnisse. Jona braucht eine klare Abgrenzung zwischen seinem Volk und der ganzen restlichen gottlosen Welt. Er will eine klare Linie zwischen Gut und Böse, er besteht darauf, dass Böses böse genannt und konsequent geahndet wird. Er wirft Gott vor, dass er genau diese Grenzen aufweicht!

Jona sagt: „Gnade für Ninive?! Gott, das geht jetzt wirklich zu weit!" – Gott: „Nein, Jona, du bist zu eng – und zu streng mit anderen. Und zu unflexibel!" Genau: Jonas Glaube besteht im Wesentlichen aus „richtig" glauben (alles richtig machen, die richtige Form wahren, die richtige Auslegung kennen…) – Regeln, Normen und Traditionen verengen seine Sicht, verhindern Offenheit für Gottes aktuelles Handeln. Gott dagegen, der in Kapitel 3 eindrücklich die „herrliche Inkonsequenz der Liebe"[79] demonstriert hat, braucht Bewegungsspielraum, um im Bedarfsfall variabel reagieren zu können. Gott diente Jona bislang als Legitimation für dessen enge Grenzen – und jetzt sagt Gott: „Nein, da spiele ich nicht mit! Diese Enge passt mir nicht! Das passt nicht zu mir!"

## „Die oder ich"

*³ Und nun, HERR, nimm doch meine Seele von mir!*
*Denn es ist besser, dass ich sterbe, als dass ich lebe!*

Jona sagt Gott: „Wenn das so ist, dass dir die Assyrer auf einmal wichtiger sind als dein auserwähltes Volk, will ich nicht mehr dein Prophet sein. Unter diesen Umständen will ich gar nicht mehr weiterleben." Man weiß nicht ganz, ob das wirklich ernst gemeint oder nur ein im Affekt ausgesprochener dummer Spruch ist. (Die im nächsten Vers erwähnte Laubhütte als Schutz vor der Sonne passt nämlich nicht zum Todeswunsch, sie zeigt durchaus Lebenswillen.) Seine Äußerung ist jedenfalls ziemlich frech und dreist: Gott nach der Rettung aus dem Fischbauch um den Tod zu bitten, das fordert Gott heraus, das muss ihn provozieren.

Fest steht: Jona ist in einer existenziellen Krise, von Gott erwartet er nichts mehr. Sein aufkommender Todeswunsch ist ja auch nicht ganz unverständlich: Er bewertet in der Krise sein Leben neu und stellt fest: Er ist an Gott gescheitert.[80] Jona hat aktuell eine gestörte Beziehung zu Gott – und dummerweise war es bisher Gott, der ihm Lebenssinn geschenkt hatte. Der fällt jetzt weg.

Und man fragt sich: Was hat er denn Schlimmes erlebt? Antwort: Ninive ist nicht vernichtet worden. Wie, das ist alles? Ja, aber für Jona ist diese Erfahrung dramatisch und fundamental. Jonas Theologie kann man nämlich so zusammenfassen: „Gott liebt mich und sein Volk, wenn er die anderen *nicht* liebt. Die oder ich! Entweder – oder!" Dieses schematische Denken in extrem zugespitzten Alternativen gab ihm immer die Legitimation, klar zu unterscheiden zwischen den Guten und den Bösen, dem auserwählten Volk und allen anderen. Jetzt fällt dieses Weltbild in sich zusammen, was ihm den Boden unter den Füßen wegzieht. „Tod den anderen oder Tod für sich selbst – dazwischen pendelt offenbar das Lebensgefühl dieses Mannes hin und her".[81]

## „Mein Gott gehört mir"

Ich habe einige Regalmeter theologische Fachliteratur und Lexika in meinem Arbeitszimmer stehen. Aber den Schlüssel zum Verständnis der Jona-Geschichte verdanke ich tatsächlich einem Kinderbuch (ich habe das bunte Heft jetzt feierlich im Buchregal unter die ehrwürdigen Bibelkommentare einsortiert…). Jahrelang, bis sie selbst lesen konnten, haben wir unseren Kindern vor dem Schlafen immer eine Gutenachtgeschichte vorgelesen. Eines Abends las ich mit meinem Sohn das Pixi-Buch „Meine Mama – nur für mich!" von Uta Charlotte Stern und Manfred Tophoven. Es erzählt davon, wie der kleine Tim einen kleinen Bruder bekommt, Jonas (der heißt im Buch wirklich so). Und auf einmal hat seine Mutter deutlich weniger Zeit für ihn. Alles dreht sich nur noch um das Baby: „Tim hatte den Eindruck, dass immer gerade dann, wenn er Mamas Hilfe brauchte, sie damit beschäftigt war, das Baby zu stillen, zu wickeln oder zu baden." Irgendwann reicht es Tim und er schreit seine Mutter an: „Du hast mich überhaupt nicht mehr lieb! Du kümmerst dich nur noch um das doofe Baby!" – An dieser Stelle fiel es mir wie Schuppen von den Augen:

Das ist die Erklärung für Jonas Verhalten: Jona will nicht, dass Gott sich (auch) um andere liebevoll kümmert. Er fürchtet, dann zu kurz zu kommen! Jona ist der Auffassung, dass Gott sich nur um seine Leute, nur um sein auserwähltes Volk, nur um die „Guten" kümmern soll. Er wünscht – durchaus ein wenig kindisch – ungeteilte Aufmerksamkeit von Gott für sich und sein Volk. Nun, wo Gott sich so intensiv für die Niniviten interessiert, fürchtet er Liebesentzug. Er sieht die Sonderstellung des Volkes Israel in Gefahr. Darin offenbart sich ein exklusives Verständnis von Liebe: Er fühlt sich (und sein Volk) nur von Gott geliebt, wenn Gott andere weniger oder gar nicht liebt.

Man könnte sagen: Jona, Gottes Sorgenkind, will Gottes Einzelkind sein und bleiben. Ein Einzelkind ist in einer privilegierten Position, es erhält die volle, ungeteilte Aufmerksamkeit der Eltern. Nachfolgende Geschwister müssen sich von Geburt an die Zeit und Zuwendung der Eltern mit dem oder der Erstgeborenen teilen. Das zweite Kind ist von Anfang an gewohnt, Aufmerksamkeit und Spielzeug zu teilen. Zweitgeborene kennen es nicht anders; Erstgeborene müssen sich aber gehörig umstellen bei der Geburt des ersten Geschwisterkindes, müssen mühsam teilen lernen.

Im Pixi-Buch findet Tims Mutter eine kindgerechte Lösung, sie erklärt ihm, dass während der Schwangerschaft nicht nur ihr Bauch gewachsen sei, sondern auch ihr Herz. „Für Jonas ist ein neues Zimmer in meinem Herzen gewachsen, aber dein Zimmer ist noch genauso groß wie vorher. Dein Raum in meinem Herzen ist unverändert."

## ZUM WEITERDENKEN:
### Wir sind Gottes Sandwichkinder

Jona fürchtet, dass das Volk Israel, Gottes auserwähltes Volk, seine Besonderheit verliert, wenn plötzlich die anderen auch eine Beziehung zu ihrem Gott haben können. Dann wäre das kein Privileg mehr! Und: Die Definition der eigenen Identität über Abgrenzung würde dann nicht mehr funktionieren.

Als Christ dürfte ich eigentlich nie auf den Gedanken kommen, ich sei so etwas wie Gottes Einzelkind, das ungeteilte Aufmerksamkeit genießen darf, denn als Christ bin ich immer Gottes Mittelkind. Ja, ich bin als Christ Gottes Sohn oder Tochter (Gal 3,26) – aber definitiv kein Einzelkind.

Ich habe ältere und jüngere Geschwister: Zum einen gibt es seit Jahrtausenden „Vorläufer im Glauben" – ich bin ohne Zweifel erst später hinzugekommen. Das bezieht sich sowohl auf die vielen Generation von Christen, die vor mir bereits ihren Weg mit Gott gegangen sind, als auch auf das ursprüngliche Gottesvolk, das Volk Israel. Im Römerbrief gebraucht Paulus das Bild des Einpfropfens wilder Zweige in einen edlen, kultivierten Ölbaum, um die Aufnahme der Heiden in das Gottesvolk zu beschreiben (Röm 11,17). Damit sind Christen gemeint, die nichtjüdischer Abstammung sind – also die breite Mehrheit heutiger Gläubiger. Wir sollten uns das gut im Bewusstsein halten: Wir sind definitiv nicht die Ersten in Gottes Familie, sondern können dankbar sein, überhaupt in sie aufgenommen worden zu sein! Und, nur nebenbei: Wenn es einen „Erstgeborenen unter vielen Brüdern und Schwestern" gibt, dann ist es Jesu selbst (Röm 8,29 GNB)!

Zum anderen sind wir aber auch nicht die letzten Kinder Gottes, denn hoffentlich finden nach mir (und durch mich) noch viele zum himmlischen Vater. Wir sollten uns darüber freuen, dass die Geschwisterschar wächst – das nimmt uns nichts weg!

Seltsamerweise entdecke ich aber auch unter Christen, also unter später Hinzugekommenen, hier und da eine spürbare Abgrenzung gegenüber Außenstehenden und „Neuen". Diese Haltung zeigt sich etwa darin, dass man lieber „unter sich" bleibt, in geschlossener Gesellschaft Gottesdienste feiert, als an den Hecken und Zäunen alle möglichen vermeintlich „unpassenden" Gestalten, etwa Alkoholkranke, Drogensüchtige, Prostituierte oder ehemalige Strafgefangene einzuladen, dazuzustoßen und mitzufeiern. Diese Haltung scheint durch, wenn Gläubige sich für etwas Besseres halten, für die ultimativen Bescheidwisser, zu anderen auf Abstand gehen – und für sich wie selbstverständlich Privilegien in Anspruch nehmen, die sie anderen, ob unbewusst oder offen ausgesprochen, faktisch vorenthalten möchten.

Das ist allerdings ein Phänomen, das auch aus anderen Kontexten bekannt ist. Es ist zum Beispiel auffällig, dass nicht wenige Russlanddeutsche (also Zugezogene) oder Migranten der zweiten Generation Flüchtlingen gegenüber sehr feindlich eingestellt sind. Einige lassen eine teilweise erschreckende Offenheit für rechtsradikales Gedankengut erkennen. Seltsam, wie schnell Hinzugekommene ihre eigene Geschichte vergessen!

Hans Magnus Enzensberger entwarf 1994 vor dem Hintergrund wachsender Fremdenfeindlichkeit in Deutschland das „Eisenbahn-Modell".[82] Es hilft, besser zu verstehen, warum Menschen manchmal so wenig motiviert sind, ihre Privilegien zu teilen. Ich erkenne in der Geschichte Verhaltensweisen von Christen wieder, die auf dem Weg des Glaubens mit Vorliebe um sich selbst kreisen: Zwei Passagiere sitzen in einem Eisenbahnabteil. „Sie haben sich häuslich eingerichtet, Tischchen, Kleiderhaken, Gepäckablagen in Beschlag genommen. Auf den freien Sitzen liegen Zeitungen, Mäntel, Handtaschen herum. Die Tür öffnet sich, und zwei neue Reisende treten ein. Ihre Ankunft wird nicht begrüßt. Ein deutlicher Widerwille macht sich bemerkbar, zusammenzurücken, die freien Plätze zu räumen, den Stauraum über den Sitzen zu teilen. Dabei verhalten sich die ursprünglichen Fahrgäste, auch wenn sie einander gar nicht kennen, eigentümlich solidarisch. Sie treten, den Neuhinzukommenden gegenüber, als Gruppe auf. Es ist *ihr* Territorium, das zur Disposition steht. Jeden, der neu zusteigt, betrachten sie als Eindringling. Ihr Selbstverständnis ist das von Eingeborenen, die den ganzen Raum für sich in Anspruch nehmen."

Eigentlich ist solch ein Verhalten absurd: „Das Eisenbahnabteil ist ein transitorischer Aufenthalt, ein Ort, der nur dem Ortswechsel dient. Die Fluktuation ist seine Bestimmung. Der Passagier ist die Negation des Sesshaften. Er hat ein reales Territorium gegen ein virtuelles eingetauscht. Trotzdem verteidigt er seine flüchtige Bleibe nicht ohne stille Erbitterung."[83]

Schon diese Beobachtung lädt ein, sie auf Christen zu übertragen – die ja auch nicht heimisch sind auf der Erde, sondern lediglich unterwegs sind zu ihrer himmlischen Heimat. Eindrücklich führt Enzensberger aber im weiteren Verlauf auch aus – und das finde ich eine sehr bedrückende Passage, eine deprimierende Beobachtung –, wie schwer diese ungesunde Haltung auszurotten ist: „Nun öffnen zwei weitere Passagiere die Tür des Abteils. Von diesem Augenblick an verändert sich der Status der zuvor Eingetretenen. Eben noch waren sie Eindringlinge, Außenseiter; jetzt haben sie sich mit einem Mal in Eingeborene verwandelt. Sie gehören zum Clan der Sesshaften, der Abteilbesitzer, und nehmen alle Privilegien für sich in Anspruch, von denen jene glauben, dass sie ihnen zustünden. Paradox wirkt dabei die Verteidigung eines ,angestammten' Territoriums, das soeben erst besetzt wurde;

bemerkenswert das Fehlen jeder Empathie mit den Neuankömmlingen, die mit denselben Widerständen zu kämpfen, dieselbe schwierige Initiation vor sich haben, der sich ihre Vorgänger unterziehen mussten; eigentümlich die rasche Vergesslichkeit, mit der das eigene Herkommen verdeckt und verleugnet wird".[84] Die Neuankömmlinge pochen, „kaum dass sie sich einen Platz gesichert haben, auf die Vorrechte jener, die schon ewig da waren."[85]

In der Apostelgeschichte und den Briefen des Neuen Testaments wird offen und ehrlich thematisiert, wie die Schlüsselgestalten der ersten Gemeinden (samt und sonders jüdischer Herkunft) sich zunächst schwertaten, Nichtjuden als gleichberechtigte Mitglieder von Gottes Volk zu akzeptieren. Petrus kommt selbst erst nach einer besonderen Intervention Gottes zu der Erkenntnis, „dass Gott keine Unterschiede macht! Er liebt alle Menschen, ganz gleich, zu welchem Volk sie gehören, wenn sie ihn nur ernst nehmen und tun, was vor ihm recht ist" (Apg 10,34f. GNB; vgl. auch Apg 10,9–23; Gal 2,11–21; 3,28).

Christen, die sich heutzutage schwertun, Menschen zu akzeptieren und im *inner circle* willkommen zu heißen, die so ganz anders sind als sie, die sie möglicherweise zu „Randgruppen" zählen würden, sollten sich diese Worte auf der Zunge zergehen lassen. Gott liebt alle Menschen. In der Gemeinde Gottes ist es völlig egal, „ob jemand zu den Griechen gehört oder zu den Juden, ob jemand beschnitten ist oder unbeschnitten, ob jemand zu einem unzivilisierten Volk gehört oder gar zu einem Stamm von Wilden, ob jemand im Sklavenstand ist oder frei. Was einzig noch zählt, ist Christus, der in allen lebt und der alles wirkt" (Kol 3,11 GNB).

Um diese Überlegung zu aktualisieren: Was sind heute für mich Menschen aus einem „Stamm von Wilden"? Für alle, die mir bei diesem Stichwort einfallen, gilt: Entscheidend ist, ob Menschen sich ernsthaft für Gott und den Glauben interessieren, ob Gott in ihnen eine Sehnsucht weckt, ihn kennenzulernen. Entscheidend ist, dass Menschen auf Gottes Werben reagieren, ihn ernst nehmen und sich in ihrer Lebensgestaltung an seinen Vorstellungen orientieren wollen.

Es ist dagegen völlig unbedeutend, welche Sprache sie sprechen. Es ist völlig unwichtig, welche politische Grundeinstellung sie haben, welche Tattoos sie tragen, welche Piercings sie sich haben machen lassen, welchen Musikgeschmack sie präferieren, welchen Kleidungsstil sie bevorzugen, für welche Frisur sie sich entscheiden.

Das Neue Testament hebt – was für ein moderner Gedanke! – im Bild von der Gemeinde als dem einen Leib mit ganz unterschiedlichen Gliedern sogar sehr deutlich hervor, dass *diversity* eine der ganz großen Stärken der Gemeinde Gottes darstellt (1Kor 12,12–30; Röm 12,3–8).

Wo tue ich mich schwer, auf Menschen aus einem „Stamm von Wilden" zuzugehen? Wo habe ich Hemmungen, Andersartigkeit auszuhalten? Was hält mich davon ab, Andersartigkeit als Bereicherung einzuordnen?

## Liebe teilen heißt multiplizieren

Jona will in allem mathematische Klarheit ohne Interpretationsspielraum haben, sehnt den Tag der Abrechnung herbei. Und Gott bringt ihm subtil erst einmal die Grundrechenarten neu bei, zeigt ihm: Liebe zu teilen bedeutet multiplizieren, nicht dividieren.

Ich bin in einer siebenköpfigen Familie aufgewachsen. Zeitweise haben wir da, wenn es mal eine Tüte Gummibärchen gab, die Süßigkeiten penibel abgezählt und gerecht unter den Kindern aufgeteilt, damit nicht einer den anderen alles wegfutterte. Wir denken manchmal, Gottes Segen wäre wie eine Tüte Gummibärchen – nämlich endlich und begrenzt, irgendwann leer. Das ist ein fataler Denkfehler: Gottes Segen ist nämlich unendlich. Wenn ich sehe, dass ein anderer gerade Gottes besondere Aufmerksamkeit genießen darf, heißt das nicht, dass für mich weniger übrigbleibt! Gott hat genug Segen übrig, er schöpft aus einem nicht endenden Reichtum (Phil 4,19).

Es nimmt uns nichts weg, wenn wir lernen, Gottes Liebe mit anderen zu teilen, denn wenn der Zähler unbegrenzt ist, ist es völlig egal, wie der Nenner lautet. Das „Teilen" von Gottes Liebe ist gut zu vergleichen mit dem „Teilen" in *Social Media*: Wird ein Beitrag oder ein Foto bei Facebook oder Instagram „geteilt", wird der Inhalt faktisch vervielfältigt und verbreitet. Oder, wer Vergleiche aus der analogen Welt lieber mag: Wenn man in einem dunklen Raum eine Kerze an einer anderen anzündet, wird das Licht nicht weniger, sondern es wird heller.

## Gott hinterfragt Jonas Sichtweise

Gott bleibt ruhig angesichts von Jonas kindischer Trotzreaktion und seines provokativen Verhaltens. Es kommt von Gott kein Vorwurf, kein göttliches Donnerwetter – sondern ganz gelassen eine Frage:

..................................................................................................

[4] *Und der HERR sprach: Ist es recht, dass du zornig bist?*

..................................................................................................

Gott bricht das Gespräch mit seinem problematischen Boten nicht ab. Man merkt wieder: Gott hat viel Geduld – mit Ninive und mit Jona –, wie ein geduldiger, liebevoller Vater, der um seine Überlegenheit weiß, sie aber nicht immer zeigen muss. Gott stellt

Jona eine Frage. Er stellt damit Jonas Sichtweise in Frage: „Jona, gibt es irgendeinen Grund dafür, so zornig zu sein?"

Gott zielt darauf ab, Jona ins Grübeln zu bringen, ihn zum Nachdenken anzuregen. Er will ihn dazu bewegen, seine festgefahrene Position zu überdenken. Und Gott lädt Jona neben der Selbstreflexion ein, *ihn* selbst besser kennenzulernen! Jona tut sich gerade sehr schwer mit seinem Gott, „von dem er ein festes Bild hat, und der sich offensichtlich in dieses Bild nicht fügen will".[86] Der lebendige Gott ist anders, als Jona dachte, und anders, als es ihm lieb ist. Jona hat sich ein Gottesbild zurechtgelegt und hält eisern daran fest, obwohl es hinten und vorne nicht passt, obwohl er selbst daran zugrunde geht. Gott fordert Jona heraus, sein Gottesbild zu überdenken.

„Im Ernst: Du bist sauer, weil ich den von dir nicht sonderlich geliebten Niniviten eine zweite Chance gebe?" Die Frage bleibt unbeantwortet... Jona verweigert ihm die Antwort. Nicht gerade höflich dem Allerhöchsten gegenüber. Jona tut sich schwer damit, aus seinen in Beton gegossenen Glaubenspositionen, aus dem Kreisen um sich selbst herauszukommen.

## Jona isoliert sich selbst

> [5] Und Jona ging aus der Stadt hinaus und ließ sich
> östlich von der Stadt nieder. Und er machte sich dort
> eine Hütte; und er saß darunter im Schatten, bis
> er sähe, was mit der Stadt geschehen würde.

Hier wird – wie öfter im Buch Jona – eine Information nachgeholt: Jona hatte vermutlich unmittelbar nach der Übermittlung der ihm übertragenen Botschaft die Stadt Ninive wieder verlassen. Diese Information zu Jonas Ortswechsel kommt hier eigentlich zu spät. Sie gehört zeitlich hinter Jona 3,4. Der Erzähler des Jona-Buches macht öfter solche Rückblenden; er führt einen Erzählstrang erst zu Ende und reicht eventuell ausgelassene Einzelheiten dann nach, wenn sie zum Verständnis der weiteren Handlung relevant sind. Daher „springt" die Erzählung hier und da. Eigentlich müsste man hier also im Plusquamperfekt übersetzen: „Jona *war* aus der Stadt hinausgegangen und *hatte* sich östlich von der Stadt niedergelassen".[87]

Jona hat sich also wieder einmal (wie im Schiff) abgesondert, zurückgezogen und verkrochen, er ist erneut auf Distanz zu anderen Menschen gegangen. Er will so wenig wie möglich mit den Niniviten zu tun haben. Er überlässt sie schlicht sich selber. Einsam und allein sitzt er da; aus sicherer Distanz will er mit Abstand den Fortgang der Geschichte (am liebsten natürlich den Untergang Ninives) beobachten.

Ja: Jona will am liebsten immer noch Ninive untergehen sehen. Er hofft immer noch, dass die bösen Niniviten endlich ihre verdiente Strafe trifft. Er wartet auf das große Finale – dieses „Schauspiel für den Rechtgläubigen, ein Schauspiel der Vertilgung der Sünder".[88] Das würde er sich nicht entgehen lassen, das würde ihm gefallen! Das wäre das volle Programm wie bei Sodom und Gomorra damals – mit *special effects*! Dann wären es wieder klare Verhältnisse: Die Guten überleben, die Bösen werden vernichtet. Herrlich! Das hätte er jetzt gerne gesehen. Aber nichts geschieht.

Er baut sich zunächst einmal eine kleine Hütte – und wartet ab. Seine Hütte ist so eine Art provisorischer Beobachtungsposten, ein sonnenschirmartiger Unterstand aus Zweigen als Schattenspender. Ein kleiner temporärer Unterschlupf aus Zweigen oder Schilf.

Jona bekommt wohl mit, dass die Niniviten fasten und beten. Dass die Großstadt gespenstisch still wird und die Straßen menschenleer. Und irgendwann auch, dass sie auf einmal tanzen, hüpfen und laut feiern, als ihnen klar wird, dass Gott sie nicht untergehen lässt. Ein großes Glaubensereignis, und er, der Bote Gottes, ist komplett außen vor! Die Bevölkerung der Metropole erlebt einen ganz besonderen, einen entscheidenden, einen heiligen Moment – und Jona verpasst die Party komplett.

In Feierlaune ist er ohnehin nicht, als auch ihm klar wird (durch Ablauf der 40-Tage-Frist oder durch einen Hinweis Gottes), dass Gott wirklich auf die Strafe verzichtet. Jona denkt: „Du wirst schon sehen, Gott, das war ein Fehler. Dein großes Herz in allen Ehren, aber die Umkehr der Niniviten wird nicht lange anhalten." Vielleicht merkt Gott ja noch rechtzeitig, dass die Umkehr nur Show war und die angekündigte Strafe, die Vernichtung, doch die bessere Idee gewesen wäre! Gut möglich, dass Jona auf einen erneuten Meinungsumschwung bei Gott hofft: „Wer einmal seine Meinung geändert hat, wird sie vielleicht auch noch ein zweites Mal ändern".[89]

So viel steht fest: Jona traut dem Fasten und Beten der Niniviten nicht. „Die spielen ein bisschen Umkehr und du, Gott, fällst prompt drauf rein!" Historisch gesehen wird Jona mit dieser Einschätzung sogar Recht behalten: Die Umkehr der Stadt war nicht sehr nachhaltig; tatsächlich sind die Menschen in Ninive bald zum alten Lebensstil zurückgekehrt. Die folgenden Generationen führen diese Lebensveränderung nicht fort. Und schon etwas mehr als 100 Jahre nach Jona hat der Prophet Nahum die Aufgabe, die Jona so gern erledigt hätte: die Zerstörung Ninives, der „Stadt der Bluttaten" (Nah 3,1), final anzukündigen.

Aber Gott macht keine Anstalten, Ninive doch noch zur Rechenschaft zu ziehen. Jona hockt fix und fertig in seiner Laubhütte, die langsam alle Blätter verliert. Die Sonne brennt – und er fühlt sich alleingelassen von seinem Gott. Er versteht ihn einfach nicht mehr.

## Kleine Nettigkeit von Gott

......................................................................

*⁶ᵃ Da bestellte Gott, der HERR, einen Rizinus und ließ ihn über Jona emporwachsen, damit Schatten über seinem Kopf sei, ihn von seinem Missmut zu befreien.*

......................................................................

Gott gönnt Jona etwas Gutes: Im nahöstlichen Raum herrscht gerade zur Mittagszeit eine enorme Hitze. Da ist ein schattiges Plätzchen eine sehr angenehme Sache. Gott lässt als kleine Aufmerksamkeit, als Geste der Zuneigung „über Nacht", also im Eiltempo, einen Rizinusstrauch als Schattenspender wachsen. Gott schenkt seinem hitzigen Propheten etwas Abkühlung in der sengenden Sonne.

Jonas provisorische und lückenhafte Laubhütte – ein notdürftiges, kurzlebiges Sonnendach aus Zweigen – ist in der Hitze vermutlich schon etwas verfallen und langsam verwelkt. Der Wunder-Rizinus spendet da dringend notwendigen, angenehmen zusätzlichen Schatten. Gottes Ziel wird im Text explizit erwähnt: Jona aus der Verweigerungshaltung herauszuholen. Ihn aus seiner Wut, seinem Zorn herauszureißen! Hat er Erfolg damit?

......................................................................

*⁶ᵇ Und Jona freute sich über den Rizinus mit großer Freude.*

......................................................................

Wundersam schützt die unnormal schnell gewachsene Pflanze Jona vor einem Sonnenstich – ein kleines Wunder. Und Jona, der sich wünscht, dass Gott Ninive die Hölle heiß macht, hat es endlich schön kühl ... Er weiß das zu würdigen: „Eine nette Geste von Gott! Sehr aufmerksam!" Das ist tatsächlich das erste Mal in der Geschichte, dass Jona nicht schlecht gelaunt ist.

Jona fühlt sich wohl. Noch mehr: Jona fühlt sich in Harmonie mit Gott, im Einklang mit dem Allerhöchsten. Denn Schatten steht im heißen Israel symbolisch für einen Schutzbereich, den Gott Menschen verschafft, die ihm nahestehen (vgl. Ps 17,8; 36,8; 57,2; 63,8; 91,1; 121,5; Hld 2,3; Jes 49,2; 51,16; Hos 14,8). Jona interpretiert den ihm geschenkten Schatten als Zeichen für Gottes Zuwendung und Nähe. „Ich bin Gott wichtig. Ich bin ihm so viel wert, dass er ein kleines Wunder inszeniert, um mir das Leben schöner und angenehmer zu machen." Das ist ja auch wunderbar, wenn man merkt, dass Gott einen mag, dass er sich um einen sorgt und kümmert! Das ist ja eine geradezu körperliche – heute würden man sagen „ganzheitliche" – Erfahrung; in der Staude wird Gottes Liebe und Fürsorge greifbar.

In einem nächsten Schritt wird allerdings deutlich, dass diese nette Geste noch eine zweite, tiefere Ebene hat. Gott führt hier gerade für Jona eine humorvolle Zeichenhandlung aus. Er will mit gezielten Aktionen eine Reaktion herausfordern. Gott will Jona eben nicht nur einmal kurz und oberflächlich auf andere Gedanken bringen, sondern sein Herz verändern.[90]

## Himmelhoch jauchzend, zu Tode betrübt

...................................................................................

[7] *Aber Gott bestellte am folgenden Tag einen Wurm, beim Aufgang der Morgenröte; der stach den Rizinus, so dass*

*er verdorrte. ⁸ᵃ Und es geschah, als die Sonne aufging, da
bestellte Gott einen sengenden Ostwind, und die Sonne
stach Jona auf den Kopf, so dass er ermattet niedersank.*

Gott verändert mal eben auf der Wohlfühlskala Jonas Situation
von „angenehm" zu „unerträglich". Er nimmt Jona den Schatten wieder weg – und heizt ihm richtig ein! Ein Wechselbad der
Gefühle! Ein Wurm zerfrisst, von Gott beauftragt, die Wurzeln
der Staude und sie vertrocknet. Gottes „Schöpfungsmacht hat
keinen Mangel an Requisiten".[91]

Es dauert etwas, aber dann entfaltet die „von Gott inszenierte
Lehrstunde"[92] ihre Wirkung. Jona verliert den Sonnenschutz – und
in der sengenden Sonne die Nerven. Der Ostwind, der glühende
Hitze mit sich bringt (und im Alten Testament auch ein Symbol
für Gottes Gericht ist, vgl. Ps 48,8; Jes 27,8; Jer 18,17; Hes 17,10;
19,12; 27,16; Hos 13,15), macht die kleine, inzwischen vertrocknete
Laubhütte völlig wirkungslos. Jona ist der prallen Sonne und dem
unangenehm heißen Wind schutzlos ausgeliefert. Ein Sonnenstich droht! Jona ist nur noch ein Häufchen Elend unter verdorr-
ten Zweigen. „Beide, Jona und der Rizinus, sind völlig geknickt",[93]
beide lassen den Kopf hängen.

Gott – so stelle ich mir das jedenfalls vor – holt einmal tief Luft
und erklärt ihm geduldig das Ziel des Ganzen: „Zugegeben: Ich
habe dir gerade eine extreme Erfahrung zugemutet: den Wechsel
von göttlicher Zuwendung zu einer harten Hand binnen weniger
Augenblicke. Aber du bist ein Typ, der offenkundig mein Handeln am eigenen Leib erfahren muss, um zu verstehen, worum es
geht." – „Worum geht es denn?" – „*'You don't know what you
got until you lose it'*... Jona, ich wollte das nur einmal mit dir
durchspielen, damit du weißt, wie sich das anfühlt ohne göttli-

che Gnade: Man geht ein. Jona, merkst du, wie abhängig du von meiner liebevollen Zuwendung und meinem Schutz bist?"

„Und", fährt Gott vielleicht fort, „Jona, du siehst dich eher so als unbeteiligter Zuschauer, wenn es um Ninive geht. Du wolltest, dass Ninive im Feuer untergeht – weil die Einwohner es deiner Meinung nach verdient haben. Du erlebst gerade ansatzweise, was du Ninive wünschst. Und dir wird schon ein bisschen Sonne zu viel?" In der Tat, Jona kann das nicht mehr verkraften:

......................................................................................

*8b Und er wünschte, dass seine Seele stürbe, und sagte: Es ist besser, dass ich sterbe, als dass ich lebe!*

......................................................................................

Wieder einmal wünscht Jona sich, er wäre tot und müsste das alles nicht länger mitmachen. Und wieder einmal fragt man sich, wie ernst das gemeint ist. Bei ihm sind solche Äußerungen jedenfalls immer ein untrügliches Zeichen, dass er sehr verstimmt ist.

Ein Stück weit ist das auch nachvollziehbar: Jonas Welt ist zusammengebrochen. Sein Glaube ist in einer fundamentalen Krise. Er kommt nicht mehr zurecht mit Gott – er findet sich nicht mehr zurecht in seinem Glauben.

Er kommt gedanklich nicht hinterher: Der Rizinus-Schatten war eine nette Aufmerksamkeit von Gott. Das war allerdings nur ein kurzes Vergnügen. Jetzt leidet er in der Hitze – parallel freundet sich sein Gott mit den verrufenen Niniviten an. „Na super", denkt er vielleicht, „mir macht Gott das Leben unerträglich, aber die Heiden erhalten eine Vorzugsbehandlung! Mir gönnt Gott offensichtlich nicht einmal ein wenig Abkühlung! Nicht mal das!"

Klar: Jona hat vor allem Selbstmitleid, das Schicksal des Rizinus interessiert ihn nur, weil es seinen Komfort bestimmt. Aber Jonas

Problem ist letztlich ein theologisches: Wenn es nach ihm ginge, wäre der schattenspendende Wunderbaum noch in voller Größe da und die Niniviten wären durch Feuer, Erdbeben oder sonst ein göttliches Gericht pulverisiert und atomisiert worden! Dann wäre die Welt (nach seinen Vorstellungen) wieder in Ordnung.

Das ganze Geschehen fühlt sich für Jona mittlerweile an wie Liebesentzug. Die entscheidende Beziehung in seinem Leben, die zu Gott (immerhin war er sein Prophet! Das war ja kein nebenbei betriebenes Hobby, das war eine Lebensaufgabe!) scheint irreparabel zerstört. Und aus seiner Sicht liegt das allein an Gott, dessen Verhalten allem widerspricht, was Jona bisher geglaubt hat. Gott ist ihm fremd geworden.

Jonas „Lebensfazit"[94] fällt daher nicht gerade positiv aus. Jona vergräbt sich in seinem Trotz.[95] Er hält sein Leben nicht mehr für lebenswert. Jona will sterben, weil er es nicht aushalten kann, dass die Niniviten Gottes Gnade und Zuwendung erfahren. Er will sterben, weil er gemerkt hat, dass er es ohne Gottes Gnade und Zuwendung nicht aushalten kann. „Merkst du was?", könnte Gott fragen …

Jona schleudert Gott durch seinen Todeswunsch ein „Ich mach' hier echt nicht mehr mit, da bin ich raus" entgegen. Beziehungsweise: er adressiert hier nicht einmal Gott, das ist eher ein Selbstgespräch, das Gott sich anhören muss.[96] Gott „will aber keinen toten, sondern einen neuen Jona haben".[97] Und Gott stellt als Gesprächsangebot wieder eine Frage:

## Fragen über Fragen

........................................................

[9a] *Und Gott sprach zu Jona: Ist es recht, dass du wegen des Rizinus zornig bist?*

........................................................

Das ist wirklich auffällig: Jona bekommt in diesem Kapitel von Gott nur Fragen vorgelegt! Fragen, mit denen Gott sich „in Jona hineinfragt".[98] Gott setzt ein Fragezeichen hinter Jonas Aussagen und fordert ihn heraus, Antworten zu finden und zu formulieren.

Im Vergleich von Vers 4 fragt Gott nun konkreter: „Hast du ein Recht dazu, *wegen dieser Pflanze* so zornig zu sein?" Gott versucht Jona deutlich zu machen, dass ein vergleichsweise banaler Punkt Jona hier die Laune verhagelt.

„Mein Herz schlägt auch für die Menschen, die du vernichtet sehen willst. Dir ist das völlig egal. Aber du flippst aus, wenn dir das Wetter in Ninive nicht passt und es etwas unbequem für dich wird? Du willst eigentlich nur deinen Schatten wiederhaben. Du willst, dass ich mich um dich kümmere, dir Gutes tue. Ist es wichtiger, dass es dir gut geht, dass du im Schatten sitzt, als dass Menschen gerettet werden?"

..................................................................................................................

*9b Und er [Jona] sagte: Mit Recht bin ich zornig bis zum Tod!*

..................................................................................................................

Jona versteht die rhetorische als echte Frage; er meint, sie beantworten zu müssen, und sagt: „Ja! Mit Fug und Recht bin ich sauer! Richtig sauer! Diese gottlosen Verbrecher kommen ohne eine Schramme davon, ich aber werde von dir bis an die Grenze des Zumutbaren gequält. Womit habe ich das verdient, dass du dich mehr um die blöden Niniviten kümmerst als um mich?"

Das ist schon entlarvend: Für Jona ist es dramatischer, dass sein Schatten weg ist, als die Tatsache, dass Tausende Niniviten sterben sollten ... „Die Rizinusepisode legt den Finger ganz offensichtlich auf die Selbstbezogenheit Jonas, seine Egozentrik".[99] Jona geht das Schicksal des Rizinus nur indirekt nahe; er vermisst den angenehmen Schatten. „Und es war nicht das Schicksal Ninives, das ihn beunruhigte, sondern die Rettung seines Glaubenssystems".[100]

Vielleicht entspinnt sich etwa so ein Dialog: „Gott, wen liebst du denn jetzt: dein Volk oder die Niniviten?" – und Gott so: „Wieso *oder*?" – Jona: „Ich dachte, du kümmerst dich um deine Leute!" – Gott: „Aber sind das nicht auch meine Leute in Ninive? Jona, was verlierst du, wenn ich gnädig bin zu den Niniviten?"

Jona zeigt sich nicht sehr empfänglich für eine kritische Reflexion seines Handelns, seiner Glaubensprinzipien und seines Gottesbildes. Er schaltet auf stur.

## ZUM WEITERDENKEN: **Was ist mein Rizinus?**

Gott weist Jona dezent, aber unmissverständlich darauf hin, dass der sich ausgiebig über das Schicksal einer Pflanze aufregt, das Schicksal von Menschen ihn aber weitgehend kaltlässt. Jona ist sein eigenes Lebensglück, sein schattiges Plätzchen wichtiger als die Zukunftsperspektive einer ganzen Stadt.

Wo drehe ich mich auch zu sehr um mich selber, um mein Wohlbefinden? Wo reagiere ich aufgebracht und wütend, wenn etwas nicht so läuft, wie ich mir das wünsche oder vorgestellt habe? Wo fühle ich mich zurückgesetzt oder von Gott unfair behandelt? Wo drohe ich als reich Beschenkter, den „Geber aller Gaben" aus dem Blick zu verlieren? „Je besser es uns geht, desto geringer wird unsere Fähigkeit zum Mitleiden, desto mehr stumpfen wir gegen die Not anderer ab, desto mehr verlieren wir das Ganze, von dem wir ein Teil sind, aus den Augen".[101]

Wo ist es mir wichtiger, dass es mir gut geht, als dass Menschen zum Glauben finden? Wo siegt meine Bequemlichkeit über mein Verantwortungsgefühl? Berührt es mich überhaupt, wenn Menschen die Lebensorientierung fehlt? Leide ich wirklich mit Verlorenen mit? Was ist mein Rizinus?

„Die Liebe Gottes", schreibt Paulus, „ist ausgegossen in unsere Herzen" (Röm 5,5)! „Bringe ich Gottes Liebe zu anderen Menschen, die nur wenig davon wissen?"[102] Wenn nein – was steht dem im Wege?

## Gottes finale Frage

Gott ist Widerstand bei Jona ja bereits gewohnt und unternimmt noch einen weiteren Anlauf. Er hat das erste und das letzte Wort im Jona-Buch; es beginnt mit seinem Auftrag und es endet mit einer Frage, die es in sich hat. Gottes Abschlussfrage ist herausfordernd – und bewegend, denn sie erlaubt einen Blick hinter die Kulissen:

........................................................................................

[10] *Und der HERR sprach: Du bist betrübt wegen des Rizinus, um den du dich nicht gemüht und den du nicht großgezogen hast, der als Sohn einer Nacht entstand und als Sohn einer Nacht zugrunde ging.* [11] *Und ich, ich sollte nicht betrübt sein wegen der großen Stadt Ninive, in der mehr als 120 000 Menschen sind, die nicht unterscheiden können zwischen ihrer Rechten und ihrer Linken, und eine Menge Vieh?*

........................................................................................

Gott versucht, das Gespräch in die Tiefe zu führen. Er deutet die Rizinus-Episode noch einmal unter einem anderen Blickwinkel. Mit anderen Worten sagt Gott: „Jona, du sagst, dass du zu Recht traurig bist wegen des Rizinus. Ich kann das verstehen. Wenn etwas Lebendes, das man liebgewonnen hat, stirbt, ist das sehr traurig. Aber wie viel mehr soll ich dann traurig sein wegen der Niniviten? „Der Strauch war eine große Freude für Jona. Die Menschen sind auch dafür da, eine große Freude für Gott zu sein."[103]

Gesichtswahrend geht Gott nicht weiter darauf ein, dass es Jona genau genommen nur um sein eigenes, kleines Glück geht und er nicht wirklich Mitleid hat mit der Pflanze; eigentlich hat Jona nur Mitleid mit sich selbst. Gott sagt: „Jona, dir geht die sinnlose Zerstörung des Rizinus sehr nahe. Kann ich verstehen. Aber weißt du: Mir wäre die Zerstörung Ninives sowie der Tod all seiner Bewohner und der Tiere auch sehr nahegegangen."

## Suchende brauchen uns Habende

Jona wird in der Geschichte als der „Typus des Habenden"[104] dargestellt: Er versteht sich nicht als Beschenkter, als Empfangender – der anderen auch etwas gönnen kann –, sondern er sieht seine Privilegien und Gottes Gnade als Selbstverständlichkeit an, die ihm zusteht. Jona glaubt, er habe ein Recht auf die Rizinusstaude, ein Recht auf Bequemlichkeit. Obwohl er die Staude weder gepflanzt noch gedüngt noch bewässert hat. Gott glaubt dagegen, dass die Menschen in Ninive ein Recht darauf haben, ihre bedrohliche Lage und den Ausweg daraus kennenzulernen.

„Jona", sagt Gott vielleicht, „ich sage dir mal was: Die Pflanze ist dir wichtig. Du willst höchst ungern auf sie verzichten. Und *ich* will die Menschen von Ninive nicht missen! Was hast du zu tun gehabt mit dem Wachstum des Rizinus? Genau, nichts. Gar nichts. Was habe ich zu tun gehabt mit der Stadt Ninive? Eine ganze Menge. Diese Pflanze ist über Nacht gewachsen, ein Volk entsteht über Generationen. Du hast keine Mühe aufwenden müssen für den Rizinus – oder hast du etwa den Samen in die Erde gepflanzt? Hast du die Pflanze gegossen? Hast du dich um sie gekümmert? Hast du nicht, das war ja ein ‚Turborizinus'.[105] Du hattest also auch gar keine Zeit, eine Beziehung, eine Bindung zu dieser Ein-Tages-Pflanze aufzubauen!"

Das ist der Punkt, auf den Gott eigentlich hinauswill: „Weißt du, Jona, mit den Menschen in Ninive beschäftige ich mich nicht erst seit gestern! Ich habe schon ganz schön viel Arbeit investiert in Menschen dieser Stadt, die es fast seit Anbeginn der Geschichte (1Mo 10,11) gibt. Mein Mitleid mit den Menschen, die in deinen Augen nur Sünder sind, die nichts als die Vernichtung verdient haben, entspringt einer langen Beziehung, einer engen Verbindung des Schöpfers mit seinen Geschöpfen! Ich habe da doch im Lauf der Zeit eine ganz andere Bindung zu ihnen entwickelt als du zum Rizinus! Die liegen mir echt am Herzen, die brauchen mich!"
Und sie brauchen Jona: Er ist unverzichtbar für die Niniviten; er muss ihnen den Weg aus der Sackgasse weisen.

„Was Gott ihm hier beibringt", schreibt Eugen Drewermann, „ist ein völlig anderes Denken, ein wirklich ‚jesuanisches' schon. Diese neue Erkenntnis lautet: Solange du den Menschen kommst mit Rechten und Pflichten, begünstigst du immer nur die Leute, die ohnehin schon im Vorteil sind; und die Habenichtse, all diejenigen, die nichts sind und haben, bringst du mit Sicherheit unter die Räder. Was wir stattdessen brauchen, ist eine Moral des Mitleids, die ausgeht von dem, was Menschen nicht sind und nicht haben, eine Moral, die ausgeht von der Armut und Armseligkeit der Menschen und die dann fragt, was nötig ist, um diesen Menschen zu helfen; was immer sich dann ergibt, das ist das Notwendige, mithin das Richtige."[106]

## Wir Habende brauchen Suchende

Jona kreist um Ordnung und Gerechtigkeit und Klarheit. Jona will konsequente Eindeutigkeit (wie zu Jesu Zeiten die selbstgerechten und manchmal kleinkarierten Pharisäer). Wie die Pharisäer hat Jona allerdings zwei blinde Flecken: Erstens blendet er (vielleicht von einem kurzen wachen Moment in Jona 2 einmal abgesehen) eigene Schwächen und Fehler weitgehend aus. Zweitens mangelt es ihm an Empathie und Interesse an seinen Mitmenschen. Jona geht es ums Prinzip (hier: das Prinzip, dass Sünde zwingend bestraft werden muss), Gott um die Menschen. Jona will keine konstruktive Lösung für Ninive, er will Vergeltung und klare Fronten. Er will sehen, dass von Ninive nur ein Aschehaufen übrigbleibt.

Jona fehlt die „Mitleidenschaft",[107] wenn Menschen, gerade Nichtjuden, am Leben vorbeileben – er würde sie einfach ihrem Schicksal überlassen. Jona kann nicht nachempfinden, wie sehr Gott alle Menschen am Herzen liegen. Diesen Vorwurf macht Jesus ebenfalls den Pharisäern, dass sie das große Ganze aus dem Blick verloren haben: Gerechtigkeit, Barmherzigkeit und Glauben (Mt 23,23). Jona und die Pharisäer haben völlig ausgeblendet, dass die Liebe zu Gott und zu Menschen der Kern des Gesetzes sind (Mt 22,34–40; Röm 13,8–10).

Dabei sind die Liebe zu Gott und die Liebe zu Menschen zwei Seiten einer Medaille. Der Apostel Johannes betont in 1Joh 4,16 (GNB): „Gott ist Liebe. Wer in der Liebe lebt, lebt in Gott und Gott lebt in ihm." Das heißt: Wenn wir Gottes Liebe an andere weitergeben, also davon erzählen oder noch besser, sie praktisch und greifbar werden lassen, erfahrbar werden lassen für andere, dann bleiben wir selbst in Gottes Liebe, d.h. sie pulsiert in uns, wir erleben sie unmittelbar in uns und an uns selbst. Und im Umkehrschluss heißt das: Teilen wir Gottes Liebe nicht mit anderen, lösen wir uns aus Gottes Liebe, erleben wir sie auch nicht mehr in dem Ausmaß und in der Intensität, wie es ansonsten möglich wäre. Man könnte zugespitzt formulieren: Wir Habenden brauchen die

Suchenden, um das, was wir festhalten wollen, selbst nicht zu verlieren.

## Einblick in Gottes Herz

Nun hat Gott Jona langsam da, wo er ihn haben wollte.[108] Jetzt ist Jona argumentativ *ad absurdum* geführt.[109] Aber noch mal: Gott will nicht gegen Jona gewinnen, er will Jona für seine Sache gewinnen! Vers 11 beschreibt einen ungewöhnlichen Moment: Gott macht transparent, was ihn bewegt. Gott gewährt Einblick in sein Herz und in seine Gedankenwelt.

Er sagt mit anderen Worten: „Wir reden hier von 120.000 Menschen. Die kann ich doch nicht einfach ihrem Schicksal überlassen?!" Möglicherweise ist die hohe Zahl der Gesamtbevölkerung symbolisch zu verstehen (12 mal 1.000 im Sinne von „eine unüberschaubare Menge"), aber entscheidend ist eh die implizit ausgesprochene inhaltliche Aussage: „Jona, sind dir ernsthaft 120.000 Menschen weniger wichtig als dein eigenes Wohlergehen, dein persönlicher Vorteil?"

Genau genommen geht es sogar um 120.000 Menschen „und das Vieh": Mit einem Augenzwinkern verweist Gott auf die Tiere in Ninive (immerhin haben die ja auch mitgemacht beim Fasten, vgl. 3,7–8). Gott sagt damit: „Jona, mit Mann und Maus wäre die Stadt vernichtet worden, radikal und ohne Überlebende, wenn ich ihnen keine zweite Chance gegeben hätte." Gottes Liebe umfasst alle Geschöpfe, er hilft Menschen und Tieren (Ps 36,7). Jedes Geschöpf ist dem Schöpfer wichtig und wertvoll.

## Lechts und rinks

„Jona, die Niniviten, weißt du – das sind 120.000 Menschen, die rechts und links nicht unterscheiden können." Die Einwohner von

Ninive sind geistlich gesehen wie Kinder, infantil; von den Jahren her erwachsen, aber nicht innerlich: Ihnen fehlt das elementarste Unterscheidungsvermögen; ihnen fehlt das ethische Urteilsvermögen. Aus Gottes Sicht sind die Niniviten Menschen, denen die Orientierung fehlt. Sie stolpern durchs Leben. Sie finden sich allein nicht zurecht im Leben, verfehlen ihr Lebensziel.

Gott und Jona sind sich vermutlich in der Diagnose sogar einig: Den Menschen in Ninive fehlt die Lebensorientierung, weil sie keine Beziehung zu Gott haben! Er ist es, dessen Wort Menschen Orientierung gibt! Aber sie ziehen ganz unterschiedliche Schlussfolgerungen: Für Jona ist die Unwissenheit der Nichtjuden Grund genug, sie zu verachten, sich überlegen zu fühlen, von oben herab auf sie zu schauen. Für Gott ist die Unwissenheit der Niniviten Grund genug, Mitleid mit ihnen zu haben und einzugreifen!

Das ist alles eine Frage der Perspektive: Jona sieht üble Sünder, die bestraft werden müssen. Gottes sieht Hilfsbedürftige, denen jede Zukunftsperspektive fehlt, die ohne Hilfe von außen verloren sind, weil sie „nicht den Kompass haben, den du, Jona aus Israel, handhaben kannst".[110]

Gott zieht – so verstehe ich das zumindest – mit seinen Erläuterungen Jona vielleicht auch ein wenig auf: „Jona, die wissen halt nicht so genau Bescheid wie du!" Sein Wissensvorsprung (ähnlich wie bereits an Bord des Schiffes) begründet seine Verantwortung: Er „weiß etwas, was die Heiden nicht wissen",[111] aber dringend wissen müssen, wenn sie nicht untergehen sollen. Das könnte ein dezenter Hinweis sein auf die Rolle, die das auserwählte Gottesvolk eigentlich spielen sollte: Das mit einer besonderen Gottesbeziehung gesegnete Volk hatte immer auch eine „Botenfunktion", sollte immer auch ein Segen für andere Völker sein (1Mo 12,2f.; 22,17f.). Gott bevorzugte dieses eine Volk, um an ihm exemplarisch deutlich zu machen, wie er mit Menschen umgeht. Das sollte

Nichtjuden anziehen und ihnen so ebenfalls zu einer Gottesbeziehung verhelfen.

Die Anspielung auf Jonas Wissensvorsprung ist definitiv aber auch ein Hinweis auf die Rolle, die Jona spielen sollte in der Geschichte: Es geht Gott um Einladung, nicht um Abgrenzung! Er soll lernen, seine gesetzliche Enge hinter sich zu lassen und sich zu öffnen für Gottes weite Gnade, er soll Mitleid empfinden für Orientierungslose, er soll Verantwortung für sie übernehmen und einen Beitrag leisten, dass sie Gottes Gnade erleben und vorankommen. Gott träumt schon im Alten Testament davon, dass irgendwann einmal aus allen Völkern der Erde Menschen bei ihm Orientierung und Lebenshilfe suchen (Jes 2,1–4; Mi 4,1–5).

## ZUM WEITERDENKEN: Wir sind Wegweiser

Die Jona-Geschichte illustriert treffend unsere Verantwortung als Christen: Wir wissen etwas, was viele Menschen um uns noch nicht wissen – aber wissen müssen, damit sie nicht dauerhaft am Leben vorbeileben. Wir haben eine Verbindung zu dem, den viele in unserem Umfeld nicht (richtig) kennen, aber kennenlernen sollten, weil er es ist, der wirklich Lebensorientierung gibt. Wir Christen wissen, wo rechts und wo links ist, welche Richtung wir einschlagen müssen – beziehungsweise: Wir wissen, *wer* der Weg ist (Joh 14,6) – eine Person, Gott selbst!

Die Matrosen wie die Niniviten wissen über Gott nur, was Jona ihnen sagt. Auch heutzutage ist das religiöse Vorwissen der Menschen sehr ungleich verteilt. Menschen, denen wir begegnen, fehlen unter Umständen sogar Basisinformationen. Möglicherweise benötigen Menschen, denen wir begegnen, auch nur noch einen kleinen Baustein, damit sich bei ihnen verschiedene Eindrücke und Erfahrungen zu einem Gesamtbild verdichten, ein letzter Anstoß, ein letzter Gedanke, der vielleicht nicht sofort, aber irgendwann „zündet". Was, wenn ich derjenige bin, der ein entscheidendes Puzzleteil in Händen hält? Was, wenn ich es nicht weitergebe (Hes 33,8!)?

Paulus verdeutlicht das einmal mit einer Rückwärtserzählung: „Alle, die sich zum Herrn bekennen und seinen Namen anrufen, werden gerettet. Sie können sich aber nur zu ihm bekennen, wenn sie vorher zum Glauben gekommen sind. Und sie können nur zum Glauben kommen, wenn sie die Botschaft gehört haben. Die Botschaft aber können sie nur hören, wenn sie ihnen verkündet worden ist. Und sie kann ihnen nur verkündet werden, wenn Boten mit der Botschaft ausgesandt worden sind. Aber genau das ist geschehen!" (Röm 10,13–15 GNB, vgl. Joh 17,20).

Genau – *wir* sind die Boten, *wir* sind ausgesandt, *wir* sollen von Gott erzählen, damit Menschen, die das hören, zum Glauben kommen können und gerettet werden. Eine einzige kleine Begegnung kann ein entscheidendes kleines Puzzlestück sein, das jetzt oder später ein ganzes Leben verändern kann.

Gott traut auch schweren Fällen zu, sich neu zu orientieren, radikal umzukehren und ganz anders weiterzuleben. „Mit Unwissenheit hat Gott offenbar weniger Probleme als mit dem theoretisch richtigen ‚Wissen' des Jona, der dennoch nicht wirklich verstehen will".[112] Gott hat auch Jona im Fischbauch bereits die Chance gegeben, umzukehren. Gott will auch ihn weiterbringen. Von Gottes großem Herz muss Jona noch sehr viel lernen ... Ist er bereit dazu?

### Offenes Ende

Für Ninive gab es in Kapitel 3 ein Happy End. Bei Jona ist es in Kapitel 4 eher ein *Open End*. Es bleibt völlig ungeklärt, was Jona

Gott antwortet. Das Buch Jona endet mit einem großen Fragezeichen. Gottes Abschlussfrage wird nicht aufgelöst.

Jeder Hauptakteur dieser Geschichte macht im Verlauf der Handlung eine spürbare Veränderung durch – die Seeleute, die Niniviten, sogar Gott! Nur bei Jona lässt sich nicht mit Sicherheit sagen, ob er verändert aus der Geschichte herausgeht, ob Gott ihn mit seiner Großherzigkeit anstecken kann. Lässt sich Jona in Gottes Weite locken? Ist er bereit, dazuzulernen und bisherige Überzeugungen zu hinterfragen? Empfindet er Mitleid für orientierungslose Menschen? Möchte er dazu beitragen, dass problematische Menschen vorankommen in ihrem Leben? Hat ihn die Erfahrung, dass er selbst von Gottes Gnade lebt, gnädiger gemacht?

## ZUM WEITERDENKEN: Wie lautet meine Antwort?

Der Schluss lässt den Leser in der Luft hängen. Genauer gesagt: Der Leser wird zum Ende geradezu mit hineingezogen in Gottes Gespräch mit Jona: Gottes Schlussfrage wird quasi an den Leser weitergereicht, weitergegeben an dich und an mich: „Diese orientierungslosen Menschen ohne Zukunft, die Menschen, die du verachtest, über die du den Kopf schüttelst, von denen du dich so klar abgrenzt, die du verurteilst – mir sind sie wichtig. Kannst du das nicht nachvollziehen?" Auf einmal geht es nicht mehr nur um Jonas Geschichte, sondern um deine und meine!

Der offene Schluss lässt Platz für unsere Antwort. Wir sollen die Frage weiterbewegen, selbst Antworten finden und eine Entscheidung treffen. Kann Gott dich und mich anstecken mit seiner Großherzigkeit? Was ist meine Antwort?

Wenn ich mich schwertue, Gottes weites Herz zu akzeptieren und sein Anliegen zu unterstützen, lohnt es sich, in der Selbstreflexion tiefer nachzuspüren, woran das liegen könnte. Eine mögliche Ursache könnte Druck durch falsches Leistungsdenken sein.

Von dem Wunsch nach klarer Eindeutigkeit ist der Schritt hin zu einem engen Horizont, zu einem engen Herzen tatsächlich ein sehr kleiner. Gläubige, die alles immer eindeutig, klar und unmissverständlich „richtig" geregelt haben wollen, entwickeln oft einen unfassbar hohen Leistungsdruck – auf sich selbst und auf andere. Sie konzentrieren sich auf die korrekte Einhaltung von schematischen (mehr oder weniger plausibel aus der Bibel abgeleiteten) Regeln und haben letztlich oft nur noch die Regeln im Blick, nicht mehr die Menschen, um die es geht, oder die Ideen, die Gott für unser Leben hat.

Die einzigen Fragen, die sie umtreiben, lauten: „Wer verhält sich richtig, wer nicht? Wer liegt richtig, wer falsch? Wer ist Freund, wer ist Feind?" Im Mittelpunkt steht dann fast ausschließlich, was man tut, was man schafft, welche Leistungen man vorweisen kann, wie gut man ist. Christen, die alles immer eindeutig haben wollen, schreiben manchmal sehr schnell und radikal Menschen ab, die diesen Ansprüchen nicht gerecht werden. Und sie vergessen dabei, dass alle, die sich zu Jesus halten, aus Gnade leben und aus eigener Kraft nichts hinbekommen. Und ja – leider sind die, die sich für besonders „bibeltreu" halten, besonders anfällig dafür.

Gottes Gnade, die uns Erlösung schenkt, gerät dabei leicht aus dem Blickfeld – für uns und für andere. Wenn vermeintlich klare, eindeutige Regeln in den Fokus rücken, rückt Gottes dynamisches Handeln nach hinten. Gott hat ein großes Herz, ein weites Herz. Er möchte Menschen voranbringen, er möchte mich und dich voranbringen. Um das zu erreichen, interagiert er mit uns. Gott kommt gerne in Kontakt mit Menschen, schaut, wie sie auf seine Kontaktaufnahme reagieren, dann reagiert er wiederum darauf – das ist ein dynamisches Beziehungsgeschehen, kein Vorgehen nach Schema F, wie Jona es gerne hätte!

Typisch für Gott ist eben seine dynamische, immer etwas unberechenbare Gnade, die sich eben jeder Festlegung entzieht, weil Gott über allen Regeln steht. Gott kann umdenken, sich umentscheiden, flexibel reagieren – wenn es dem Leben dient.

## Enge Vorstellungen

Als ich mich in den letzten Jahren intensiver mit dem Propheten Jona beschäftigte, kamen in mir viele Erinnerungen aus meiner Kinder- und Jugendzeit wieder hoch. Ich stamme aus einem gläubigen Elternhaus und kam so früh mit Gott, Gemeinde und Bibel in Berührung. Allerdings in einem unausgewogenen und ungesunden Glaubensumfeld, das sich selbstsicher und scharf von Andersdenkenden abgrenzte und zur „bösen Welt" (und erst recht zu andersdenkenden Christen) auf Abstand ging.

Eng und streng, so würde ich die Gemeinde, in der ich groß wurde, heute beschreiben. Sie sah sich als einzig richtige Gemeindeform nach dem Neuen Testament und legte großen Wert auf die Feststellung, das richtige Bibelverständnis zu haben und das Abendmahl in der richtigen Weise zu feiern. Was jeweils „richtig" und „falsch" war – da bestand wenig Unklarheit, da waren sich die Führungsfiguren sehr sicher. Sie wussten Bescheid. Klare Verhaltenserwartungen regulierten entsprechend das Leben der Mitglieder – bis hin zum Kleidungsstil. Es war auch streng verboten, einen Fernseher zu besitzen.

Alle, die diesen Standard nicht erfüllen wollten oder konnten, bekamen ein Problem. Ich zum Beispiel hatte keine Chance, jemals am gemeinsamen Abendmahl („Brotbrechen") teilzunehmen, da ich Ohrstecker trug, damals noch lange Haare hatte, freche Fragen stellte und Bass in einer Rockband spielte. Das passte nicht ins Schema, damit stellte man sich automatisch außerhalb der Gemeinschaft.

## Gottes Hinweise führen zum Leben

Nein, es ist ja auch tatsächlich nicht egal, wie ein Mensch lebt, der sich als Christ begreift. Die Grundlinien, wie sie etwa die 10 Gebote skizzieren, sind als *Basics* unverhandelbar. Aber die 10 Gebote – dem Volk Israel übermittelt nach der Befreiung aus der Gefangenschaft in Ägypten (2Mo 20,2) – wollen im Kern nicht einengen, sind keine Zwangsjacke, sondern geben im Gegenteil orientierende Hinweise für ein Leben in Freiheit! Jesu Bergpredigt (Mt 5–7) aktualisiert diesen Ansatz und führt genauer aus, wie unser Leben nach Gottes Vorstellungen gestaltet werden sollte. Er unterzieht die Tora, das Gesetz des Judentums, einer *Relecture*,[113] bei der er sie konsequent auf sich bezogen deutet.

Gesetzlicher Frömmigkeit entzieht Jesus im Rahmen dieser „messianischen Wende"[114] jeden Boden. Seine Botschaft: „Ihr plagt euch mit den Geboten, die die Gesetzeslehrer euch auferlegt haben. Kommt alle zu mir; ich will euch die Last abnehmen! Ich quäle euch nicht und sehe auf niemand herab. Stellt euch unter meine Leitung und lernt bei mir; dann findet euer Leben Erfüllung. Was ich anordne, ist gut für euch, und was ich euch zu tragen gebe, ist keine Last" (Mt 11,28–30 GNB).

Wir sollen nicht Leistung erbringen und fromme Pflichten erfüllen, sondern lernen von Jesus. Wir stehen als Christen „jetzt unter dem Gesetz, in dem der Geist Gottes wirkt, der zum Leben führt" (Röm 8,2 GNB). Was heißt das konkret? Der Prophet Jeremia kündigt bereits im Alten Testament einen „neuen Bund" zwischen Gott und Menschen an: „Der neue Bund, den ich dann mit dem Volk Israel schließen will, wird völlig anders sein: Ich werde ihnen mein Gesetz nicht auf Steintafeln, sondern in Herz und

Gewissen schreiben. Ich werde ihr Gott sein und sie werden mein Volk sein, sagt der Herr" (Jer 31,33 GNB). Im Hebräerbrief wird dieses Projekt als in Christus verwirklicht angesehen (Heb 10,14–18).

Das „Gesetz Christi" (Gal 6,2) steht für Freiheit, „Freiheit zum Guten, Freiheit, die sich vom Geist Gottes führen lässt".[115] Gott will keinen blinden Gehorsam – er will in uns seinen Maßstab verankern, er will unser Herz verändern und erneuern. Wir dürfen uns in unserer Persönlichkeit, unserem Charakter, unserer Herzenshaltung und Priorisierung immer mehr von Gottes weitherziger Art prägen lassen! Wenn wir in enger Beziehung zu Gott leben, erleben wir ihn hautnah, färbt seine Art auf uns ab.

## Glaube ist dynamisches Beziehungsgeschehen

Nach einer Predigt, in der ich – ähnlich wie in diesem Buch – die Weite und Freiheit Gottes betonte, erhielt ich kürzlich eine erboste Rückmeldung: „Wenn ich mir letztlich alle Glaubensregeln irgendwie zurechtbiegen kann, wie ich will, dann zerbröckelt doch mein Glaube! Dann bleibt davon nichts mehr übrig!" Und ich dachte: Wenn dein Glaube so abhängig ist von Regeln, die man zu beachten hat, und wenn er ohne sie zerbröckelt, dann besteht dein Glaube offenkundig vorrangig aus Regeln! Wie schade! Glaube ist doch im Wesentlichen etwas ganz anderes, nämlich ein lebendiges Beziehungsgeschehen zwischen Gott und uns!

Je mehr Christen in rigiden Verhaltensregeln Sicherheit suchen, desto weniger suchen sie Sicherheit bei Jesus. (Fatal wirkt sich das besonders aus, wenn man selbst daran scheitert, diesen Verhaltensregeln zu entsprechen … – was bleibt einem dann?)

Wenn wir versuchen, den Glauben in Paragrafen, Prinzipien und Regeln zu gießen, behindern wir Gottes Dynamik, seine Lebendigkeit, die er für uns Menschen einsetzt! Und Gott – das zeigt die Jona-Geschichte – lässt sich nicht gerne einschränken in seiner Lebendigkeit, Kreativität und Liebe! Gott in seiner Weite lässt sich nicht gerne einengen!

Entscheidend ist, dass unsere Lebensorientierung sich im Kern nicht an Handlungsanweisungen – ob klar in der Bibel festgelegt oder von Menschen entworfen – festmacht, sondern an einer Person. In Joh 14,6 sagt Jesus: „Ich bin der Weg und die Wahrheit und das Leben. Niemand kommt zum Vater als nur durch mich." Wenn Gott uns befreit (nicht aus der Knechtschaft in Ägypten wie damals das Volk Israel, aber aus der „Knechtschaft der Sünde", vgl. Röm 6), uns vergibt, sind wir befreit für ein Leben mit ihm. Unsere Lebensgestaltung kann und soll sich dann an seinem Vorbild orientieren. Wir sind eingeladen, ihn in die Höhen und Tiefen des Alltags einzubeziehen – er ist als unser Begleiter mit dabei, er wohnt in uns.

Gesunder Glaube bewegt sich so zwischen den Extrempolen des *anything goes* und des engen „so und nicht anders!". Gesunder Glaube setzt nicht auf Beliebigkeit, aber auch nicht auf Gesetzlichkeit, sondern auf Orientierung! Das heißt: Es kommt nicht auf unsere Leistung an. Wir leben aus der Gnade Gottes (Röm 6,14). Und in seiner Liebe und Gnade schenkt Gott uns hilfreiche und konstruktive Hinweise zur Lebensorientierung, weil er uns nicht einfach laufen lassen will. Diese Tipps sollen uns aber nicht einengen, sondern zum Leben führen. Um Mk 2,27 zu variieren: Der Mensch ist nicht für die Regeln da, sondern die Regeln für den Menschen (das heißt: sie sollen hilfreich und nicht erdrückend sein!).

## ZUM WEITERDENKEN: **Glaubens-Check-up**

Klar: Bei anderen fällt es mir leichter, Einseitigkeiten zu diagnostizieren und eine eventuelle Schlagseite im Glauben wahrzunehmen. Aber wie sieht es *bei mir* aus? Was prägt derzeit werktags faktisch *meinen* Glauben:

- Enge und strenge Gesetzlichkeit mit eindeutigen Regeln?
- Große Beliebigkeit ohne verbindliche Maßstäbe?
- Eine klare Christuszentrierung, die Orientierung schenkt?

Falls ich in Richtung Gesetzlichkeit oder Beliebigkeit tendiere:

- Welche Auswirkungen hat meine Grundeinstellung auf mich?
- Welche Folgen hat sie für andere?
- Kann es sein, dass ich die Bibel einseitig, selektiv und voreingenommen lese? Ignoriere ich wesentliche Hinweise der Bibel, weil sie nicht in mein Konzept passen?
- Wie kann ich den eigentlichen Mittelpunkt des Glaubens, die Hauptperson, Jesus Christus neu ins Zentrum rücken?
- Welche Fragen würde Gott mir stellen, wenn er in einem therapeutischen Gespräch an meinem Glauben, meinem Charakter, meinen Einstellungen oder meiner Spiritualität feilen möchte?
- Bin ich offen, neue Seiten an Gott zu entdecken?
- Wo möchte Gott mein Herz erweitern? Was möchte Gott in mein Herz schreiben, damit andere es lesen können (2Kor 3,3)?

........................................................

„Stellt euch […] in den Dienst Gottes als Menschen, die
gewissermaßen schon von den Toten auferstanden sind, damit
Gott eure Glieder und Fähigkeiten als Waffen im Kampf für das
Gute gebrauchen kann.“
(Röm 6,13 GNB)

# Anhänge

## Der Aufbau des Jona-Buches

„Gott ist größer als unser Herz."

*1Joh 3,20 GNB*

Das Jona-Buch ist in sich symmetrisch aufgebaut. Die parallel komponierte Struktur lässt sich grob so zusammenfassen:

| | |
|---|---|
| 1,1–2: Gottes Auftrag an Jona | 3,1–2: Gottes Auftrag an Jona |
| 1,3: Jonas Verweigerung | 3,3–4: Jonas Umsetzung |
| 1,4–16: Umkehr der vom Untergang bedrohten heidnischen Seeleute; Rettung aus Lebensgefahr | 3,5–10: Umkehr der vom Untergang bedrohten heidnischen Niniviten; Rettung aus Lebensgefahr |
| 2,1–11: Jona im Gespräch mit Gott; Jonas (vorweggenommener) Dank für seine Rettung | 4,1–11: Gott im Gespräch mit Jona; Jonas Verärgerung über Ninives Rettung |

# Acht Fragen an Jona

„Gott, so denkt man oft, so verkünden Eiferer lauthals, sei Antwort.
Spröder sagt die Bibel, dass er Wort sei.
Und wer weiß, vielleicht ist er meistens Frage:
die Frage, die niemand sonst stellt."

*Kurt Marti*[116]

## Ein fragender Gott

Immer wieder präsentiert sich Gott in der Bibel als fragender Gott – auch wenn er längst die Antwort auf seine Frage kennt: „Wo bist du?", fragt er Adam (1Mo 3,9), und „Hast du etwa von dem Baum gegessen, von dem ich dir geboten habe, du solltest nicht davon essen?" (1Mo 3,11). „Warum bist du so zornig?" und „Wo ist dein Bruder Abel?", fragt Gott Kain (1Mo 4,6.9). Den gebeutelten Hiob nimmt Gott mit fast 100 Fragen geradezu in ein Kreuzverhör – um dessen gedanklichen Horizont zu erweitern (Hiob 38f.)!

Auch bei Jesus finden sich – einmal abgesehen von rhetorischen Fragen und Gegenfragen, die er in theologischen Diskussionen einsetzt – zahlreiche Fragen, die sich an konkrete Personen richten und tatsächlich nach einer Antwort verlangen: „Was sucht ihr?", fragt Jesus seine ersten beiden Jünger vor ihrer Berufung (Joh 1,38). Mit der Frage „Für wen haltet ihr mich?" provoziert er das Bekenntnis des Petrus (Mt 16,15). „Wollt ihr etwa auch weggehen?", horcht er bei den Jüngern nach, als der Widerstand zunimmt (Joh 6,67). „Freund, wozu bist du gekommen?", will Jesus vom Verräter Judas wissen (Mt 26,50). „Liebst du mich?", löchert Jesus gleich mehrfach seinen Jünger Petrus (Joh 21,15–17).

Mit der Frage „Was verfolgst du mich?" stellt er den fanatischen Saulus (Apg 9,4).

Gott liebt es, Fragen zu stellen – und Antworten zu erhalten. Gottes Fragen haben im Wesentlichen zwei Funktionen: Zum einen fungieren sie als Gesprächsangebot, als Impuls, um mit ihm in den Austausch zu kommen. Zum anderen haben sie den Zweck, den Befragten zum Nachdenken anzuregen, ihn zu „hinterfragen". Gott drängt Menschen nicht seine Sichtweise auf, sondern er möchte Anregungen platzieren, die im Lauf der Zeit ihre Wirkung entfalten.

## Gedankenanstöße für Jona

Das kleine Buch Jona ist ein Buch voller Fragen, in ihm finden sich mehr Fragen als Antworten! Alle acht Fragen[117] (abgesehen von Jonas rhetorischer Frage „War das nicht meine Rede...?" in 4,2) richten sich an Jona:

| Stelle | Fragender | Wortlaut der Frage (REÜ) |
|--------|-----------|--------------------------|
| 1,6 | Kapitän | „Was ist mit dir, du Schläfer?" |
| 1,8 | Besatzung | „Was ist dein Beruf [wörtlich: deine Sendung/dein Auftrag, deine Arbeit]? Woher kommst du? Was ist dein Land, und von welchem Volk bist du?" |
| 1,11 | Besatzung | „Was sollen wir mit dir tun, damit das Meer uns in Ruhe lässt?" |
| 4,4 | Gott | „Ist es recht, dass du zornig bist?" |
| 4,9 | Gott | „Ist es recht, dass du wegen des Rizinus zornig bist?" |
| 4,11 | Gott | „Und ich, ich sollte nicht betrübt sein wegen der großen Stadt Ninive, in der mehr als 120.000 Menschen sind, die nicht unterscheiden können zwischen ihrer Rechten und ihrer Linken, und eine Menge Vieh?" |

Nüchtern betrachtet ist Jona damit „mehr ein Befragter als ein Verkündiger".[118] Das Buch endet sogar mit einem Fragezeichen. Es ist insgesamt ein „fragendes Buch".[119]

Gott sucht immer wieder den Dialog mit Jona, liefert ihm einige Gedankenanstöße. Auch andere Akteure stellen Jona Fragen, nämlich der Kapitän und die Matrosen. Aber man kann sich des Eindrucks nicht erwehren, dass auch hinter den Fragen der Besatzung letztlich Gott steckt: „Ein Mensch spricht und nicht Gott, und doch spricht Gott und nicht ein Mensch".[120]

Die Fragen, die Jona von der Schiffsbesatzung und von Gott gestellt bekommt, zielen genau auf wunde Punkte bei Jona. Gott will eingefahrene Denkmuster bei Jona „hinterfragen", den frommen Prinzipienreiter aus einem allzu engen Glaubensrahmen herauslocken. Die Fragen, die Jona gestellt werden, ähneln in gewisser Weise einem „Nachdenkzettel", den Kinder in der Schule manchmal bekommen, wenn sie unsoziales Verhalten reflektieren sollen. Gott möchte Jona mit viel Humor und Geduld zur Selbstreflexion motivieren. An einigen Stellen hat man sogar den Eindruck, zwischen den Zeilen Gottes „lächelnde Überlegenheit"[121] zu spüren, wenn er Fragen stellt. Natürlich zielen Gottes Fragen auf eine Umkehr bei Jona – aber Gott vermeidet es, ihm von außen Ergebnisse oder Erkenntnisse aufzudrängen. Jona muss selbst nachdenken und Position beziehen.

## „Dehnübungen" für uns

Das Schöne am Jona-Buch ist, dass man als Leser nicht mit billigen Antworten abgespeist wird. Herausfordernd aber ist, dass in gewisser Weise die Fragen an den Leser weitergereicht werden. Gerade Gottes Abschlussfrage, die ohne Antwort bleibt, fordert unmittelbar zu einer Reaktion heraus. Als Leser ist man eingeladen, die Frage auch auf sich zu beziehen und mit Jona Antworten zu finden, eine *eigene* Antwort zu finden!

Die Jona gestellten Fragen sollen auch uns als Leser erreichen, zum Weiterdenken anregen. Die Fragen richten sich auch an dich und mich, sie ermöglichen es uns, wie mit einem „Gewissensspiegel" (also einer Sammlung von Fragen, mit deren Hilfe man wesentliche Lebensbereiche selbstkritisch in den Blick nehmen kann) eine Standortbestimmung vorzunehmen.[122] Gott setzt damit womöglich Fragezeichen hinter vermeintliche Sicherheiten. Die Fragen, denen Jona sich ausgesetzt sieht, können im Prozess der Herzerweiterung als „Dehnübungen" für den engen „Jona in mir" fungieren, weil sie uns zur Reflexion anregen und herausfordern.

## Update der Fragen

Wie würden meine Antworten lauten, wenn die Jona gestellten Fragen mir gestellt würden? Ich bin eingeladen, für mich persönlich Antworten darauf zu finden:

*„Wie kannst du schlafen?"* (1,6 GNB):

- Verschlafe ich gerade eine entscheidende Situation in meinem Umfeld?

- Halte ich mich gerade fein heraus, verweigere ich die Zusammenarbeit an einer kritischen Stelle, an der ich eigentlich an einer Lösung mitwirken sollte?

*„Wer bist du eigentlich? Was für Geschäfte treibst du? Zu welchem Volk gehörst du, wo ist deine Heimat?"* (1,8 GNB)

- Ist mir (und meinem Umfeld) bewusst, was meine Identität im Kern ausmacht?

- Was ist mein Auftrag – und womit bin ich tatsächlich beschäftigt?
- Wie prägt mich meine Herkunft?
- Wie lässt sich in wenigen Worten mein Glaube beschreiben?
- Was ist meine (geistliche) Heimat?

*„Was sollen wir jetzt mit dir machen...?"* (1,11 GNB)

- Zum weiteren Vorgehen: Welche Handlungsmöglichkeiten bestehen, was wäre jetzt dran, um einen Schritt weiterzukommen?

*„Hast du ein Recht dazu, so zornig zu sein?"* (4,4 GNB), *„Hast du ein Recht dazu, wegen dieser Pflanze so zornig zu sein?"* (4,9 GNB)

- Sind die Themen, über die ich mich so aufrege, die mir so wichtig erscheinen, die derzeit mein Wohlbefinden und Lebensglück auszumachen scheinen, wirklich die entscheidenden?

*„Und mir sollte nicht diese große Stadt Ninive leidtun, in der mehr als hundertzwanzigtausend Menschen leben, die rechts und links nicht unterscheiden können, und dazu noch das viele Vieh?"* (4,11 GNB)

- Kann ich nachvollziehen, dass Gott nicht einfach tatenlos zuschauen kann, wenn Menschen in einer Sackgasse gefangen sind?
- Teile ich Gottes Leidensdruck über orientierungslose Menschen in meinem Umfeld?

# Psalmenbezüge im Unterwassergebet

„Als er im Bauch des Fisches herumrutschte,
hatte Jona nichts, woran er sich festhalten konnte –
außer dem Wort Gottes, das er schon auswendig kannte
und das in seinem Herzen verborgen war."

*Bruder Andrew*[123]

## Psalmen-Potpourri

Der *aqua-psalm*[124] in Jona 2 ist ein ganz besonderer Text: In höchster Not greift Jona auf vertraute Gebetselemente zurück. In beinahe jedem Satz finden sich „Versatzstücke von Psalmen".[125] Die Referenzen und „Erinnerungsspuren"[126] sind mal mehr, mal weniger deutlich als solche zu erkennen: Manchmal tauchen bestimmte Signalwörter auf, die von Psalmenkennern als Anspielungen entschlüsselt werden können. Hier und da lehnt sich der Beter enger an existierende Vorlagen an. Teilweise werden alte Formulierungen wörtlich übernommen. So entsteht ein *psalmic potpourri*[127] mit vielen Querverbindungen und Bezügen.

Die Glaubenslieder und Gebete beschreiben treffend, wofür Jona keine besseren Worte hätte finden können. Bemerkenswert ist dabei, dass im Unterschied zu den ursprünglichen Texten die bildhafte Sprache der Psalmen bei Jona vielfach wörtlich gemeint ist, etwa was das Untergehen im Wasser betrifft. (Und wenn die Matrosen sich schon etwas besser in den Heiligen Schriften ausgekannt hätten, hätten ihnen in Ps 107,23–32 auch passende Formulierungen für ihre Situation zur Verfügung gestanden ...)

## Mögliche Bezüge

Hier eine Übersicht möglicher Bezüge bzw. Inspirationsquellen (jeweils nach der REÜ):

| Jona-Psalm | Mögliche Bezüge zum Psalmen-Buch |
|---|---|
| Jona 2,3 [...] Ich rief aus meiner Bedrängnis zum HERRN, und er antwortete mir. Aus dem Schoß des Scheol schrie ich um Hilfe – du hörtest meine Stimme. | Ps 18,7a: In meiner Bedrängnis rief ich zum HERRN, und ich schrie zu meinem Gott. |
| | Ps 28,2: Höre die Stimme meines Flehens, wenn ich zu dir schreie, wenn ich meine Hände aufhebe zu deinem heiligen Tempelraum. |
| | Ps 30,3f.: HERR, mein Gott, zu dir habe ich geschrien, und du hast mich geheilt. HERR, du hast meine Seele aus dem Scheol heraufgeholt, hast mich am Leben erhalten und bewahrt vor dem Hinabfahren zur Grube. |
| | Ps 31,23b: Doch du hast die Stimme meines Flehens gehört, als ich zu dir schrie. |
| | Ps 116,1: Ich liebe den HERRN, denn er hörte meine Stimme, mein Flehen. |
| | Ps 120,1: Zum HERRN rief ich in meiner Not, und er erhörte mich. |
| | Ps 118,5: Aus der Bedrängnis rief ich zu Jah. Jah antwortete mir in der Weite. |
| | Ps 130,1: Aus den Tiefen rufe ich zu dir, HERR. |
| | Ps 138,3: An dem Tag, da ich rief, antwortetest du mir. |

| | |
|---|---|
| 4 Und du hattest mich in die Tiefe geworfen, in das Herz der Meere, und Strömung umgab mich. Alle deine Wogen und deine Wellen gingen über mich dahin. | Ps 102,11b: Denn du hast mich emporgehoben und hast mich hingeworfen.<br><br>Ps 42,8b: … alle deine Wogen und deine Wellen sind über mich hingegangen.<br><br>Ps 68,23: Der Herr sprach: „Ich werde zurückbringen aus Baschan, zurückbringen aus den Tiefen des Meeres …"<br><br>Ps 69,15f.: Ziehe mich heraus aus dem Schlamm, dass ich nicht versinke! Lass mich gerettet werden von denen, die mich hassen, und aus den Wassertiefen! Lass die Flut des Wassers mich nicht fortschwemmen und die Tiefe mich nicht verschlingen; und lass die Grube ihren Mund nicht über mir verschließen!<br><br>Ps 88,7f.: Du hast mich in die tiefste Grube gelegt, in Finsternisse, in Tiefen. Auf mir liegt schwer dein Zorn, und mit allen deinen Wellen hast du mich niedergedrückt. |
| 5 Da sprach ich: Verstoßen bin ich von deinen Augen hinweg. Wie sollte ich jemals wieder hinblicken zu deinem heiligen Tempel? | Ps 31,23: Ich zwar dachte in meiner Bestürzung: „Ich bin weggenommen aus deinen Augen." Doch du hast die Stimme meines Flehens gehört, als ich zu dir schrie.<br><br>Ps 63,3: So schaue ich im Heiligtum nach dir, um deine Macht und deine Herrlichkeit zu sehen. |
| 6 Wasser umfing mich bis an die Seele, die Tiefe umschloss mich, Seetang schlang sich um mein Haupt. | Ps 18,5f.: Es umfingen mich Bande des Todes, und Bäche des Verderbens erschreckten mich. Fesseln des Scheols umgaben mich, ich stand vor den Fallen des Todes.<br><br>Ps 69,2–3: Rette mich, Gott, denn Wasser ist bis an die Seele gekommen. Ich bin versunken in tiefen Schlamm, und kein fester Grund ist da; in Wassertiefen bin ich gekommen, und die Flut schwemmt mich fort. |

| | |
|---|---|
| 7 Zu den Gründen der Berge sank ich hinab. Der Erde Riegel waren hinter mir auf ewig geschlossen. Da führtest du mein Leben aus der Grube herauf, HERR, mein Gott. | Ps 30,2.4: Ich will dich erheben, HERR, denn du hast mich emporgezogen und ließest meine Feinde sich nicht über mich freuen. […] HERR, du hast meine Seele aus dem Scheol heraufgeholt, hast mich am Leben erhalten und bewahrt vor dem Hinabfahren zur Grube. Ps 40,3: Er hat mich heraufgeholt aus der Grube des Verderbens, aus Schlick und Schlamm; und er hat meine Füße auf Felsen gestellt, meine Schritte fest gemacht. Ps 49,16: Gott aber wird meine Seele erlösen von der Gewalt des Scheols; denn er wird mich aufnehmen. Ps 71,20: … du wirst uns wieder beleben und uns aus den Tiefen der Erde wieder heraufführen. Ps 86,13: deine Gnade ist groß gegen mich, und du hast meine Seele geret-tet aus dem tiefsten Scheol. Ps 103,4: Der dein Leben erlöst aus der Grube, der dich krönt mit Gnade und Erbarmen. Ps 116,8: Denn du hast meine Seele vom Tod gerettet… |
| 8 Als meine Seele in mir verschmach-tete, dachte ich an den HERRN. Und mein Gebet kam zu dir, in deinen heiligen Tempel. | Ps 5,8: ich bete an zu deinem heiligen Tempel hin, in der Furcht vor dir. Ps 18,7b: Er hörte aus seinem Tempel meine Stimme, und mein Schrei vor ihm drang an seine Ohren. Ps 107,5: … es verschmachtete in ihnen ihre Seele. Ps 143,4.7: Mein Geist ermattet in mir, mein Herz ist erstarrt in meinem Innern. […] Schnell, erhöre mich, HERR! Es verschmachtet mein Geist. |
| 9 Die, die nichtige Götzen vereh-ren, verlassen ihre Gnade. | Ps 31,7: Ich hasse die, die sich an nichtige Götzen halten, doch ich, ich traue auf den HERRN. |

| 10 Ich aber will dir Opfer bringen mit der Stimme des Lobes; was ich gelobt habe, werde ich erfüllen. Bei dem HERRN ist Rettung. | Ps 3,9: Bei dem HERRN ist die Rettung. |
|---|---|
| | Ps 22,26: Von dir kommt mein Lobgesang in großer Versammlung; erfüllen will ich meine Gelübde vor denen, die ihn fürchten. |
| | Ps 50,14f.: Opfere Gott Dank und erfülle dem Höchsten deine Gelübde und rufe mich an am Tag der Not; ich will dich retten, und du wirst mich verherrlichen! |
| | Ps 54,8: Opfern will ich dir aus freiem Antrieb; deinen Namen will ich preisen, HERR, denn er ist gut. |
| | Ps 76,12: Sprecht Gelübde und erfüllt sie dem HERRN, eurem Gott, alle, die ihr rings um ihn her seid. Bringt Geschenke dem Furchtbaren! |
| | Ps 116,17f.: Dir will ich ein Dankopfer bringen, anrufen will ich den Namen des HERRN! Ich will dem HERRN meine Gelübde erfüllen, ja, vor seinem ganzen Volk ... |

## Mögliche weitere Anklänge

In dem sehr anregenden Artikel „Im Staub des Rabbi laufen"[128] erläuterte Rob Bell einmal sehr anschaulich, dass zur Zeit Jesu der Text des Alten Testaments bei frommen Juden „im Kopf und im Herz fest verankert" war: „Die Schrift war einfach allgegenwärtig. Man kannte sie vorwärts und rückwärts." In theologischen Diskursen waren, schreibt er, unausgesprochene Querbezüge gang und gäbe: Ein zitierter Vers war oft nur der Startpunkt für weitere gedankliche Assoziationen, denn benachbarte Verse klangen implizit mit.

Ohne das überstrapazieren zu wollen: Möglicherweise hat auch Jona die ihm sehr vertrauten Psalmbausteine auch im größeren Zusammenhang gesehen. Vielleicht waren nicht nur die explizit aufgegriffenen Sätze von großer Bedeutung für ihn, sondern implizit schwangen auch weitere Gedanken und Empfindungen aus dem Text des jeweiligen Psalms mit. Interessant finde ich zum Beispiel, dass im Kontext zweier Psalmen, bei denen Jona sich bedient, auch die Sehnsucht nach Weite ein Thema ist (Ps 18,20 und 31,8f.). Das könnte (neben der Anspielung auf Ps 118,5 in Vers 3) ein weiterer Hinweis darauf sein, dass Gottes Taktik aufgeht: Durch die Einengung seines Handlungsspielraums entsteht in Jona eine große Sehnsucht nach Gottes Weite.

# Jonas Verwandte im Neuen Testament

„Wenn Gott den Menschen misst,
legt er das Maßband nicht um den Kopf,
sondern immer um das Herz."

*Urheber unbekannt*

"The main purpose of God
is to get Jonah to understand grace.
The main purpose of the book of Jonah
is to get *us* to understand grace."

*Timothy Keller*[129]

Dass Gottes Bodenpersonal leider oft ein wesentlich engeres Herz hat er selbst, das wird auch im Neuen Testament sehr deutlich. Die Evangelien illustrieren in vielen Szenen, dass Jesus nicht auf die Welt kam, um Menschen zu verurteilen, sondern um sie zu retten (Joh 3,17). Sein weites Herz zeigt sich darin, dass er für Ausgestoßene, Verachtete und Schuldige viel Verständnis, Geduld und Liebe aufbringt. Jesus sucht den Kontakt mit den religiös Disqualifizierten, den vermeintlich hoffnungslosen Fällen, den Abgeschriebenen. Er kennt keinerlei Berührungsängste.

Die hochnäsigen Frommen seiner Zeit grenzen sich deutlich von diesen vermeintlichen Problemfällen ab und merken dabei gar nicht, dass sie die eigentlichen Problemfälle sind. Für solche selbstgerechten Frommen findet Jesus unmissverständliche Worte: „Nicht die Starken brauchen einen Arzt, sondern die Kranken. […] Ich bin nicht gekommen, Gerechte zu rufen, sondern Sünder" (Mt 9,12f.).

Jesus ist es ein Anliegen, dass Menschen, die an ihn glauben, sich in ihrem Handeln auch an seiner Liebe orientieren, an seinem weiten Herzen. Er versucht, für seine Art zu werben, Menschen für seine Herzensanliegen zu gewinnen. Drei seiner Gleichnisgeschichten porträtieren Personen, die stark an Jona erinnern:

## Die Arbeiter im Weinberg

Im Gleichnis von den Arbeitern im Weinberg (Mt 20,1–16) erzählt Jesus eine aus dem Leben gegriffene Geschichte: Ein Weinbergsbesitzer rekrutiert an einem Tag frühmorgens Tagelöhner und vereinbart mit ihnen den üblichen Tagessatz von einem Silberstück. Um 9 Uhr, mittags und gegen 15 Uhr engagiert er auf dem Marktplatz weitere Arbeitssuchende als temporär Beschäftigte. Er verspricht ihnen „angemessene Bezahlung". Selbst um 17 Uhr noch gibt er einer letzten Gruppe von Arbeitssuchenden eine Chance.

Als am Ende des Arbeitstages der Lohn ausbezahlt wird, protestiert die Frühschicht, weil der Weinbergsbesitzer unterschiedslos allen ein Silberstück gibt. Alle, ob sie erst seit 17 Uhr mit anpackten oder schon seit dem frühen Morgen aktiv waren, erhalten den gleichen Lohn. Die Arbeiter der ersten Stunde protestieren heftig – sie erhalten zwar die vereinbarte Bezahlung, glauben aber, im Vergleich zu den anderen mehr verdient zu haben. Der Weinbergsbesitzer stellt – genau wie in der Jona-Geschichte – einem von ihnen eine entlarvende Frage: „Bist du neidisch, weil ich großzügig bin?" Mit anderen Worten: „Was nimmt es dir weg, wenn ich (auch) andere beschenke?"

Diejenigen, die eine proportional zur Arbeitszeit abgestufte, also nach Leistung gestaffelte Entlohnung fordern, sind vom Denkmuster her „Verwandte Jonas".[130] Ihr Protest gegen die Gleichbehandlung der später Dazustoßenden zeigt: Sie pochen darauf, dass ihre Leistung sie von den anderen abhebt, und nehmen nicht wahr, dass der Weinbergsbesitzer allen – auch ihnen – großzügig eine Chance gegeben hat.

Mit dieser Geschichte attackiert Jesus nicht sehr subtil alle Frommen, die auf ihre Leistungen verweisen und auf das Privileg der Alteingesessenen pochen. Unverkennbar die Parallelen zu Jona – er hätte in Kapitel 4 ähnlich argumentieren können: „Über Jahrhunderte geht dein Volk mit dir einen besonderen Weg, Gott. Ninive hat sich nie für dich interessiert! Und jetzt, nach wenigen Tagen amateurhafter Bußrituale, wird die Stadt von dir behandelt, als würdet ihr schon seit Jahren zusammengehören!" Jesus macht sehr deutlich: Gottes Zuwendung und Gnade sind ein großzügiges Geschenk – für Menschen, die schon lange mit ihm unterwegs sind, genauso wie für suchende Menschen, die frisch dazustoßen!

## Der hartherzige Schuldner

Das Gleichnis vom hartherzigen Schuldner (Mt 18,21–35) skizziert einen echten Jona-Typ: Ein hochverschuldeter Mann bekommt vom König gnädigerweise auf seine verzweifelte Bitte hin einen Millionenbetrag erlassen. Kurz darauf trifft der Mann einen Kollegen, der ihm einen deutlich geringeren Betrag schuldet. Unbarmherzig fordert er von seinem Gegenüber den ausstehenden Betrag ein, lässt ihn bis zur Begleichung der Schuld sogar ins Gefängnis werfen. Als der König davon erfährt, greift er hart durch. Die Kernbotschaft packt er in eine Frage: „Hättest du nicht auch Erbarmen haben können mit deinem Kollegen, so wie ich es mit dir gehabt habe?" (Mt 18,33 GNB).

Das ist eine Jona-Szenerie, sie beschreibt genau diese Diskrepanz zwischen den Kapiteln 2 und 4 des Jona-Buches: Wie kann ein Mensch, der am eigenen Leib Gottes großzügige Gnade erlebt hat, anschließend einem anderen gegenüber kleinkariert Güte verweigern? Wer selbst von Gottes unverdienter Gnade lebt, sollte anderen gegenüber ebenfalls großzügig und vergebungsbereit sein.

## Die verlorenen Söhne

Gleich mehrere faszinierende Parallelen zu Jonas Geschichte finden sich im Gleichnis vom verlorenen Sohn, genauer: im Gleichnis vom Vater und seinen zwei Söhnen (Lk 15,11–32). Auch diese Geschichte richtet sich an die Frommen. Zwar ähnelt der Jona aus Kapitel 1 und 2 auch dem jüngeren Sohn, der rebelliert und weg vom Vater will (Endstation der Flucht ist bei dem jüngeren Sohn dann der Schweinestall, bei Jona der Fischbauch; ähnlich wie Jona erlebt der jüngere Bruder eine Rückkehr ins Leben: Lk 15,32). Aber noch spannender ist ein Vergleich des Jona aus dem vierten Kapitel mit dem älteren Bruder – die Parallelen sind überdeutlich. Er hat vielleicht selbst ab und zu davon geträumt, auszubrechen, ist aber immer brav zu Hause geblieben – und doch nie ganz beim Vater.

Als der „verlorene" jüngere Sohn nach allen Eskapaden als Gescheiterter ins Vaterhaus zurückkehrt und vom Vater liebevoll wieder aufgenommen wird, freut sich der ältere Bruder nicht einmal ansatzweise mit. Im Gegenteil: Er ist unzufrieden und beschwert sich: Warum wird für diesen Kerl, der das vorzeitig ausgezahlte Erbe mit Prostituierten durchgebracht hat, ein aufwendiges Wiedersehensfest (sogar mit Live-Musik) veranstaltet? Warum hat der Jüngere, der alles falsch gemacht hat, auf einmal einen so engen Draht zum Vater? Und er, der ältere Sohn, ist nie weggegangen, hat alles richtig gemacht, immer nur gearbeitet und geschuftet (man beachte die Leistungs- und Regelorientierung!) – dafür hat er bislang (so jedenfalls seine Version der Geschichte) nicht einmal einen Ziegenbock für eine kleine Party bekommen! Der ältere Bruder hat das dumme Gefühl, dass sein jüngerer Bruder ihm etwas wegnimmt, was eigentlich er verdient hätte. Und die Beschwerde des älteren Bruders richtet sich – ganz im Jona-Style – ungefiltert direkt an den Vater. Der ältere Bruder versteht seinen Vater nicht! Der wiederum versucht (wie Gott in Jona 4!) sein zweites Problemkind zu beruhigen. Dem älteren Sohn wäre es offenkundig lieber gewesen, wenn sein jüngerer Bruder vor die Hunde gegangen wäre. Von dem Geschehen in seinem Bruder, der Sehnsucht, der Reue und der Umkehr, nimmt er nichts wahr.

Jesus erzählt diese Geschichte, als die Pharisäer und Schriftgelehrten sich mal wieder wegen seiner zu engen Kontakte zu ihrer Ansicht nach wenig vorzeigbaren Menschen (Ungläubige und die sprichwörtlichen „Zöllner und Sünder") aufregten (Lk 15,1f.). Und wenn Jesus die Moral von der Geschichte in dem Satz „man muss doch jetzt fröhlich sein und sich freuen" komprimiert (Lk 15,32), signalisiert er den selbstgerechten Frommen: „Warum steht ihr so schlecht gelaunt daneben, wenn Menschen, die sich und anderen das Leben schwer machen, meine Nähe suchen und umkehren? Warum könnt ihr euch nicht einfach mitfreuen?" (vgl. zur Freude im Umfeld des Textes auch Lk 15,5–7.9f.24). Genau wie Jona bleibt der ältere Bruder außen vor, lässt sich nicht anstecken von der Freude der anderen.

Mit dem älteren Bruder der Geschichte werden auch die vermeintlich besonders Frommen seiner Zeit von Jesus zur Umkehr eingeladen. Aber ähnlich wie in der Jona-Geschichte hat auch das Gleichnis ein offenes Ende. Es bleibt ungeklärt, wie es mit dem älteren Bruder weitergeht.

# Nur ein Märchen?

„Wer wollt's auch glauben
und nicht für eine Lüge und Märlein halten,
wenn es nicht in der Schrift stünde?"

*Martin Luther*[131]

Schildert die Jona-Kurzgeschichte eigentlich eine real existierende, historische Begebenheit oder ist das Buch literarisch-fiktiv, etwa eine Gleichnis-Geschichte, lose angelehnt an eine historische Figur (2Kön 14,25)? Handelt es sich um einen glaubwürdigen Tatsachenbericht oder „nur" um eine phantasievoll erfundene Symbolgeschichte? Vier Gedanken dazu:

## Die Geschichte wirft Fragen auf

Ich kann verstehen, dass man als Leser angesichts der Vielzahl märchenhafter Szenen ins Grübeln kommen kann. Um nur ein paar Beispiele herauszugreifen: Gibt es einen Fisch, der so groß ist, dass er einen Menschen verschlingen kann? Wie groß ist die Wahrscheinlichkeit, dass ein Mensch im Magen eines solchen Fisches drei Tage überlebt, ohne zu ersticken? Kann eine Pflanze so schnell wachsen? Warum spielen so skurrile Akteure wie ein Wurm eine entscheidende Rolle?

Man muss ehrlicherweise schon zugeben: Die Jona-Geschichte lebt von einer Abfolge völlig unrealistisch erscheinender Ereignisse… Und: Warum werden keine datierbaren Anhaltspunkte genannt (etwa der Name des assyrischen Königs)?

## Wunder sind nicht ungewöhnlich – für Gott

Ich fände es dennoch zu kurz gesprungen, das Buch Jona, nur weil es am laufenden Band wundersame Episoden bietet, kurzerhand als „eine virtuelle Realität"[132] abzustempeln und als eine „fingierte Geschichte" einzustufen, die so „nie stattgefunden" hat.[133] Der Verweis auf Wunder ist für einen Christen kein hinreichender Beleg dafür, dass die Erzählung nicht auf Fakten beruht. Ich traue Gott alle geschilderten Wunder zu. Was bringt es auch, an einen Gott zu glauben, der nicht mehr kann als Menschen? Ein Gott, der keine Wunder zustande bringt, ist keiner.

## Für Jesus ist die Geschichte real passiert

Aufschlussreich sind Hinweise aus dem Neuen Testament: Jesus nimmt des Öfteren Bezug auf Jona, der so etwas wie sein typologischer Zwilling[134] ist. Natürlich kann man theoretisch auch fiktionale Elemente, die man als bekannt voraussetzt, als Anknüpfungs- und Bezugspunkt nutzen (vgl. nur den vielzitierten und vielfach variierten Satz vom „kleinen gallischen Dorf", das dem Eindringling erbittert Widerstand leistet. Bei der Vorstellung der Akteure auf S. 10 habe ich übrigens auch so eine literarische Reminiszenz eingebaut…). So könnte man, wenn man diese Spur verfolgt, vielleicht noch die Aussagen deuten, in denen Jesus seinen Tod, sein Begräbnis und seine Auferstehung in Jona 2 symbolisch vorgezeichnet sieht (Mt 12,40). Aber spätestens in Mt 12,41 ordnet Jesus die Akteure der Jona-Geschichte ganz offenkundig als historische Figuren ein. Für ihn ist Jona als Person sogar ein „himmlisches Zeichen", ein „Beweis" göttlicher Autorität (Lk 11,30) – und rein literarische Figuren können kaum ein Zeichen in diesem Sinne sein.[135] Dazu muss Gottes Bote selbst Teil der Botschaft werden. (Aber klar: Dieses Argument hat vermutlich auch nur für diejenigen Überzeugungskraft, die diese Jesus-Worte für glaubhaft halten ...)

## Entscheidend ist die Botschaft

Auch wenn Vertreter der Historizität bzw. Fiktionalität mit Verve und Leidenschaft ihre Position vertreten, auch wenn in manchen Kreisen „erst die Anerkennung der buchstäblichen Geschichtlichkeit des Buches als vollgültiger Beweis wirklicher Rechtgläubigkeit"[136] gilt: Möglicherweise ist die Frage des Realitätsgehaltes der Jona-Geschichte aber auch gar nicht die entscheidende. Selbst wenn man sie als rein fiktiv ansieht, heißt das noch lange nicht, dass sie einem nichts zu sagen hat. Ganz nebenbei: Es ist vielleicht nicht jedem „bibeltreuen" Christen bewusst, aber beliebte Gleichnisse wie das vom barmherzigen Samariter oder vom verlorenen Sohn sind (auch) „nur" erfundene Figuren und Geschichten. Nein, sie beruhen nicht auf einer wahren Begebenheit! Jesus hat sie sich ausgedacht, um bedeutsame Wahrheiten zu übermitteln. Und bis heute sprechen diese Geschichten uns an, berühren uns, zeigen Wirkung.

Daher ist für mich die Frage, ob die Jona-Geschichte denn nun wirklich genau so wie beschrieben passiert ist oder nicht, nicht unwichtig, aber letztlich zweitrangig. Bedeutsamer und lohnender ist die Frage, welche geistliche Botschaft sie transportiert, was sie mit uns zu tun hat, mit unserem Leben heute. Es ist hilfreich, die aktuelle Aussagekraft des Buches in den Mittelpunkt zu rücken. Das ist die wirkliche Herausforderung der Lektüre: die Botschaft des Buches ernst zu nehmen. Wer die theologische Wahrheit der Jona-Geschichte mit seinem Leben in Beziehung setzt, wird eine Menge lernen – über Gott und über sich.

# Anmerkungen

1   Gottfried Vanoni: *Der Mann, der Taube hieß. Mit Kindern die Bibel lesen. Das Buch Jona.* Wien 1984, S. 202.

2   Rudolf Stertenbrink: *Weisheit aus dem Bauch. Jeder erlebt Jonas Geschichte.* Freiburg 1992, S. 16.

3   Herbert Werner: *Jona. Der Mann aus dem Ghetto.* Göttingen 1966, S. 126.

4   Klaus Fischer / Harry Franke: *Überraschungen mit Gott. Der Prophet Jona und das ,Zeichen des Jona' (Luk. 11,29–32). 35. Bibelwoche 1972/73.* Altenburg o.J., S. 3.

5   Eugen Drewermann: *Und der Fisch spie Jona an Land. Das Buch Jona tiefenpsychologisch gedeutet.* Düsseldorf und Zürich ²2003, S. 15.

6   Werner Pfendsack: *Der lachende Fisch. Fünf Predigten über das Büchlein des Propheten Jona.* Basel o.J., S. 15.

7   Eduard Haller: *Die Erzählung von dem Propheten Jona.* Gladbeck/Westf. ²1965, S. 13.

8   Meik Gerhards: *Studien zum Jonabuch* (Biblisch-Theologische Studien 78). Neukirchen-Vluyn 2006, S. 89.

9   Arnold M. Goldberg: *Das Buch Jonas.* Freiburg ²1961, S. 12.

10  Uriel Simon: *Jona. Ein jüdischer Kommentar* (Stuttgarter Bibelstudien 157). Stuttgart 1994, S. 75.

11  Andrea Schwarz: *Propheten sind wir alle. Die Botschaft des Buches Jona.* Freiburg 2006, S. 22.

12  Jörg Jeremias: *Die Propheten Joel, Obadja, Jona, Micha* (ATD 24,3). Göttingen 2007, S. 80.

13  Ernst Lange: *Die verbesserliche Welt. Möglichkeiten christlicher Rede erprobt an der Geschichte vom Propheten Jona.* Stuttgart 1968, S. 39.

14  A.a.O., S. 23.

15  A.a.O., S. 38.

16  Winfried Glatz: Der Jonaskomplex oder die Flucht vor der Berufung (Jona 1), Predigt vom 22. Oktober 2006. Predigtmanuskript unter https://www.hof-kirche.de/gottesdienst/predigten/.

17  Drewermann ²2003, a.a.O., S. 81.

18 Ursula Silber / Bettina Eltrop / Bettina Wellmann: *Was für ein Gott! Das Buch Jona lesen.* Stuttgart 2018, S. 15.

19 Beat Weber: *Jona. Der widerspenstige Prophet und der gnädige Gott.* Leipzig 2012, S. 59.

20 Sprachlich kunstvoll ist hier eine *growing phrase* in den Text eingewoben, ein „wachsender Ausdruck" (Friedemann W. Golka: *Jona.* Stuttgart ²2007, S. 57.61): Die Besatzung gelangt von der Furcht (1,5) über die große Furcht (1,10) zur großen Furcht vor Gott (1,16). Vgl. dazu auch Peter Weimar: *Jona.* Freiburg 2017, S. 130 und Ursula Struppe: *Die Bücher Obadja, Jona.* Stuttgart 1996, S. 64f. Die Gottesfurcht steht für große Ehrfurcht vor dem Allmächtigen, für den Glauben an Gott.

21 Drewermann ²2003, a.a.O., S. 53; Zeichensetzung korrigiert.

22 Lange 1968, a.a.O., S. 41.

23 Wilhelm Rudolph: *Joel – Amos – Obadja – Jona.* Berlin 1974, S. 327.

24 Weimar 2017, a.a.O., S. 212.

25 Struppe 1996, a.a.O., S. 71.

26 Meik Gerhards: „Zum motivgeschichtlichen Hintergrund der Verschlingung des Jona". In: *ThZ* 59 (2003a), S. 222–247, hier: S. 227.

27 Hermann J. Opgen-Rhein: *Jonapsalm und Jonabuch. Sprachgestalt, Entstehungsgeschichte und Kontextbedeutung von Jona 2.* Stuttgart 1997, S. 32.

28 Uwe Steffen: *Jona und der Fisch. Der Mythos von Tod und Wiedergeburt.* Stuttgart 1982, S. 29.

29 Vgl. Gerhards 2006, a.a.O., S. 173.

30 Ich folge hier in Vers 5 der in der Fußnote der REÜ genannten Übersetzungsvariante.

31 Gerhard Maier: *Der Prophet Jona.* Wuppertal 1976, S. 54.

32 Meike Waechter: „Prophet auf der Flucht vor Gott. Der Prophet Jona". In: Consistorium der Französischen Kirche zu Berlin (Hugenottenkirche) (Hrsg.): *Predigtreihe – Die zwölf kleinen Propheten.* Berlin 2008, S. 26–31, hier S. 29; vgl. dazu auch Karin Schöpflin: „Notschrei, Dank und Disput. Beten im Jonabuch." In: *Biblica* 78 (1997), S. 389–404, hier S. 398.

33 Golka ²2007, a.a.O., S. 71.

34 Susanne Gillmayr-Bucher: „Fremde Welten im Buch Jona". In: Severin J. Lederhilger (Hrsg.): *Auch Gott ist ein Fremder. Fremdsein – Toleranz –*

*Solidarität* (Linzer Philosophisch-Theologische Beiträge, Band 24), Frankfurt 2012, S. 39–52, hier S. 45.

35 Jörg Jeremias: „Der Psalm des Jona (Jona 2,3–10)". In: Michaela Bauks / Kathrin Liess / Peter Riede (Hrsg.): *Was ist der Mensch, dass du seiner gedenkst? (Psalm 8,5)*. *Aspekte einer theologischen Anthropologie* (Festschrift Bernd Janowski), Neukirchen-Vluyn 2008, S. 203–214, hier S. 208.

36 Weimar 2017, a.a.O., S. 268.

37 Jeremias 2008, a.a.O., S. 209.

38 Hans Walter Wolff: *Dodekapropheton 3. Obadja und Jona*. Neukirchen-Vluyn 1977, S. 114; Opgen-Rhein 1997, a.a.O., S. 72.

39 Eckart zur Nieden: *Mein Ninive-Komplex. Das wieder entdeckte Tagebuch von Jona Ben Amitthai*. Gießen 2005, S. 42.

40 Yvonne Sherwood: *A Biblical Text and its Afterlives – The Survival of Jonah in Western Culture*. Cambridge 2000, S. 11.

41 Golka ²2007, a.a.O., S. 75.

42 Timothy Keller: *Rediscovering Jonah. The Secret of God's Mercy*. New York 2020, S. 6.

43 D. W. Robinson: „Jona". In: Donald Guthrie / J. Alec Motyer (Hrsg.): Kommentar zur Bibel. Wuppertal ⁷2008, S. 919–926, hier S. 919.

44 Lange 1968, a.a.O., S. 39.

45 Peter Weimar: *Eine Geschichte voller Überraschungen. Annäherungen an die Jonaerzählung*. Stuttgart 2009, S. 149.

46 André Lacocque / Pierre-Emmanuel Lacocque: *Jonah – A Psycho-Religious Approach to the Prophet*. Columbia 1990, S. 139.

47 Martin Werlen: *Zu spät. Eine Provokation für die Kirche. Hoffnung für alle*. Freiburg 2018, S. 162.

48 Struppe 1996, a.a.O., S. 117, ähnlich schon Gabriël H. Cohn: *Das Buch Jona im Lichte der biblischen Erzählkunst*. Assen 1969, S. 95.

49 Weimar 2017, a.a.O., S. 286.

50 Maier 1976, a.a.O., S. 59.

51 Eugene Peterson: *Der verlorene Hirte. Wie Gott geistliche Leiter aus der Wüste führt*. Wuppertal 2000, S. 126.

52 Wolff 1977, a.a.O., S. 123.

53 Weimar 2009, a.a.O., S. 74.

54    Gillmayr-Bucher 2012, a.a.O., S. 46.

55    So der treffende Titel von Jan-Dirk Döhling: *Der bewegliche Gott. Eine Untersuchung des Motivs der Reue Gottes in der Hebräischen Bibel.* Freiburg 2009.

56    zur Nieden 2005, a.a.O., S. 62.

57    Peterson 2000, a.a.O., S. 147.

58    Diese treffende Idee der Strukturierung stammt von Glatz 2006, a.a.O., Predigt vom 29. Oktober.

59    Simon 1994, a.a.O., S. 116; Struppe 1996, a.a.O., S. 122.

60    Maier 1976, a.a.O., S. 73.

61    Jeremias 2007, a.a.O., S. 102.

62    Heinz Zahrnt: *Glauben unter leerem Himmel. Ein Lebensbuch.* München 2000, S. 113f.

63    Döhling 2009, a.a.O., S. 502.

64    Paul Walter Schäfer: *Und Gott redet. Jona heute.* Neuffen 1970, S. 11.

65    Zitiert in Nadia Bolz-Weber: *Ich finde Gott in den Dingen, die mich wütend machen.* Moers 2015, S. 85.

66    Dietrich Bonhoeffer: *Widerstand und Ergebung. Briefe und Aufzeichnungen aus der Haft.* München [12]1964, S. 259–261.

67    Sehr anregend dazu ist Thomas Bauer: *Die Vereindeutigung der Welt. Über den Verlust an Mehrdeutigkeit und Vielfalt.* Ditzingen [13]2018. Bauer konstatiert eine zunehmende Sehnsucht nach Eindeutigkeit und einen Rückgang der Ambiguitätstoleranz. Auch wenn der allgemeine gesellschaftliche Trend in Westeuropa m.E. eher in eine entgegengesetzte Richtung geht, sind seine Beobachtungen durchaus erhellend für abweichende Gruppendynamiken.

68    Vanoni 1984, a.a.O., S. 123.

69    Opgen-Rhein 1997, a.a.O., S. 100.

70    Ilse Müllner: Fraglos eine Frage? Zum Schluss des Jonabuchs. In: Kerstin Schiffner / Steffen Leibold / Magdalene L. Frettlöh / Jan-Dirk Döhling / Ulrike Beil (Hrsg.): *Fragen wider die Antworten.* Gütersloh 2010, S. 286–304, hier S. 293f.

71    Döhling 2009, a.a.O., S. 463.

72    Moltmann-Wendel in Heidemarie Langer / Herta Leistner / Elisabeth Moltmann-Wendel / Annemarie Schönherr: *Wir Frauen in Ninive – Gespräche mit Jona.* Stuttgart 1984, S. 16f.52.

73  In Anlehnung an Langer et al 1984, a.a.O., S. 52.

74  Wolff 1977, a.a.O., S. 150.

75  Klaus Heinrich: *Parmenides und Jona. Vier Studien über das Verhältnis von Philosophie und Mythologie.* Frankfurt 1966, S. 122.

76  Max Ronner: *Das Buch Jona.* Zürich 1947, S. 72.

77  Simon 1994, a.a.O., S. 122.

78  Peter Weimar: „Glauben lernen an Jona. Ein Prophet im Widerstreit mit seinem Gott". In: Franz-Peter Tebartz-van Elst (Hrsg.): *Katechese im Umbruch. Positionen und Perspektiven* (Festschrift Dieter Emeis). Freiburg 1998, S. 83–93, hier S. 90.

79  Haller ²1965, a.a.O., S. 28.

80  Weimar 2017, a.a.O., S. 366.

81  Drewermann ²2003, a.a.O., S. 40.

82  Hans Magnus Enzensberger: *Die große Wanderung. 33 Markierungen.* Frankfurt am Main 1994, S. 26.

83  A.a.O., S. 11–13.

84  A.a.O., S. 14f.

85  A.a.O., S. 51.

86  Weimar 1998, a.a.O., S. 90.

87  Vgl. Norbert Lohfink: „Jona ging zur Stadt hinaus (Jon 4,5)". In: *BZ. Neue Folge,* Juli 1961, S. 185–203; Hans Walter Wolff: *Studien zum Jonabuch. Mit einem Anhang von Jörg Jeremias: Das Jonabuch in der Forschung seit Hans Walter Wolff,* Neukirchen-Vluyn ³2003, S. 40–48 sowie Rudolph 1974, a.a.O., S. 362; Wolff 1977, a.a.O., S. 136ff.

88  Haller ²1965, a.a.O., S. 31.

89  Peter Wick: *Jona. Ein Freundschaftsdrama zwischen Gott und seinem Propheten zugunsten der Menschen.* Bielefeld 2015, S. 94.

90  Otto Funcke: *Die Schule des Lebens oder: Christliche Lebensbilder im Lichte des Buches Jona.* Altenburg o.J., S. 208.

91  Konrad von Rabenau / Ulrich Schröter / Wolfgang Schenk: *Jona. Handreichung zur 35. Bibelwoche 1972/73.* Berlin 1972, S. 35.

92  Weimar 2017, a.a.O., S. 414.

93  Ronner 1947, a.a.O., S. 83.

94  Weimar 2009, a.a.O., S. 144.

95  Rolf Freiherr von Ungern-Sternberg / Helmut Lamparter: *Der Tag des Gerichtes Gottes. Die Propheten Habakuk, Zephanja, Jona, Nahum.* Stuttgart ²1975, S. 176.

96  A.a.O., S. 176.

97  Haller ²1965, a.a.O., S. 41.

98  Weimar 2017, a.a.O., S. 362.401.437.

99  Opgen-Rhein 1997, a.a.O., S. 92.

100  A.a.O., S. 94.

101  Steffen 1982, a.a.O., S. 188.

102  Geoff Treasure: *Der Mann, der Nein sagte.* Wuppertal 1978, S. 92.

103  Wick 2015, a.a.O., S. 108.

104  Haller ²1965, a.a.O., S. 42.

105  Glatz 2006, a.a.O., Predigt vom 5. November.

106  Drewermann ²2003, a.a.O., S. 59f.

107  Steffen 1982, a.a.O., S. 8.

108  Artur Weiser: *Das Buch der zwölf Kleinen Propheten I. Die Propheten: Hosea, Joel, Amos, Obadja, Jona, Micha.* Göttingen ⁵1967, S. 226.

109  Hartmut Gese: „Jona ben Amittai und das Jonabuch". In: *ThBeitr* 16 (1985), S. 256–272, hier S. 267.

110  Hans Walter Wolff: „Ist die Bibel Gotteswort oder Menschenwort? Darstellung des Problems an einer Auslegung des Jonabuchs". In: Hans Walter Wolff / Jürgen Moltmann / Rudolf Bohren: *Die Bibel – Gotteswort oder Menschenwort? Dargestellt am Buch Jona und am Apostolat des Paulus nach 2. Korinther 4.* Neukirchen 1959, S. 9–35, hier S. 19.

111  Klaus Riebesehl: *Der Gott Jonas und die Völker: Narratologische und intertextuelle Studien zur Hinwendung von Nichtisraeliten zum wahren Gott in Jona 1,4–16 und 3,3b–10 im Kontext des Jonabuches.* Masterarbeit an der University of South Africa, 2013, S. 56, vgl. auch S. 118.

112  Struppe 1996, a.a.O., S. 141.

113  Joseph Ratzinger: *Jesus von Nazareth. Erster Teil: Von der Taufe im Jordan bis zur Verklärung.* Freiburg 2007, S. 133.

114  Ratzinger, a.a.O., S. 132.

115  Ratzinger, a.a.O., S. 131.

116  Kurt Marti: *Zärtlichkeit und Schmerz.* Notizen. Darmstadt/Neuwied ²1979, S. 107.

117 Ich orientiere mich hier an der REÜ. Im hebräischen Grundtext ist grammatisch nicht immer ganz klar erkennbar, ob ein Satz eine Aussage oder eine Frage ist; das muss mitunter aus dem Kontext abgeleitet werden. Manche Übersetzungen verstehen zwei weitere Satzteile als Frage: GNB („Warum sind wir in diese Gefahr geraten?") und Lu („Sage uns, um wessentwillen es uns so übel geht?") formulieren in 1,8 die Aufforderung der Besatzung als Frage. Lu („Was hast du getan?"), GNB („Wie konntest du das tun?") und EÜ („Was hast du da getan?") interpretieren in 1,10 einen vorwurfsvollen Ausruf der Seeleute als Frage; der anschließende Satz macht allerdings sehr deutlich, dass der Sachverhalt längst bekannt war und die Besatzung keine Antwort erwartete.

118 Wolff ³2003, a.a.O., S. 72.

119 Struppe 1996, a.a.O., S. 141.

120 Werner 1966, a.a.O., S. 34.51.

121 Opgen-Rhein 1997, a.a.O., S. 118.

122 Entscheidend ist dabei eine beziehungs-, nicht regelorientierte Sichtweise: Dem Einzelnen steht „nicht primär ein Gesetzbuch gegenüber, sondern seine Identität als Verantwortung tragender Mensch und darin als Geschöpf Gottes. Es geht nach christlichem Verständnis im letzten um das Verhältnis zwischen Schöpfer und Geschöpf". Annette Schavan: „Gewissensspiegel", in: *LThK*³, Band 4, Sp. 631.

123 Bruder Andrew: *Bloß nicht nach Ninive! Impulse vom „Schmuggler Gottes"*. Gießen 2010, S. 36.

124 Sherwood 2000, a.a.O., S. 231.

125 Jürgen Ebach: *Kassandra und Jona. Gegen die Macht des Schicksals.* Frankfurt am Main 1987, S. 27.

126 Weimar 2017, a.a.O., S. 263.

127 Lacoque 1990, a.a.O., S. 98.

128 Rob Bell: „Im Staub des Rabbi laufen. Remices [sic!], Bibel-Kungfu, Habakuk rückwärts – und warum nicht nur wir an Jesus, sondern Jesus auch an uns glaubt…" In: *Aufatmen* 2/2005, S. 6–12. Das Wort „Remices" im Aufatmen-Artikel ist eine, vermutlich vom Höreindruck kommende, unzutreffende Schreibweise des hebräischen Wortes „Remez" / „Remes", an das Bell in der dem Artikel zugrundliegende Predigt (online unter https://youtu.be/aCtrsJ6nSio; die entsprechende Stelle ist in den Minuten 18 bis 20 zu finden) die englische Pluralendung -es anhängt. Es steht unter anderem für Hinweise und Andeutungen in einem Text, die

implizit auf andere Textstellen verweisen. (Ich danke Michael Schneider für diesen Hinweis.)

129 Keller 2020, a.a.O., S. 203f.

130 Vanoni 1984, a.a.O., S. 200.

131 Martin Luther: *Die Auslegungen von Jona und Habakuk. Herausgegeben von Gerhard Krause.* Frankfurt am Main 1983, S. 68.

132 Klaus Koenen: „Biblisch-theologische Überlegungen zum Jonabuch". In *ZNT* 6 (2000), S. 31–39, hier S. 38.

133 Werner 1966, a.a.O., S. 149.

134 Sherwood 2000, a.a.O., S. 11.

135 Maier 1976, a.a.O., S. 50.

136 Theodore H. Robinson / Friedrich Horst: *Die Zwölf Kleinen Propheten* (Handbuch zum Alten Testament, Erste Reihe 14), Tübingen ³1964, S. 118.

# Literatur

Bauer, Thomas: *Die Vereindeutigung der Welt. Über den Verlust an Mehrdeutigkeit und Vielfalt.* Reclam, Ditzingen [13]2018.

Bell, Rob: „Im Staub des Rabbi laufen. Remices [sic!], Bibel-Kungfu, Habakuk rückwärts – und warum nicht nur wir an Jesus, sondern Jesus auch an uns glaubt…" In: *Aufatmen* 2/2005, S. 6–12.

Bolz-Weber, Nadia: *Ich finde Gott in den Dingen, die mich wütend machen.* Brendow, Moers 2015.

Bonhoeffer, Dietrich: *Widerstand und Ergebung. Briefe und Aufzeichnungen aus der Haft.* Chr. Kaiser Verlag, München [12]1964.

Brandt, Wilhelm: *Meinst du, dass du mit Recht zürnest? Eine Auslegung des Jona-Buches.* Verlag Ernst Kaufmann, Lahr 1960.

Bremicker, Ernst August: *Geh nach Ninive. Eine Auslegung des Propheten Jona.* Christliche Schriftenverbreitung, Hückeswagen 2016.

Bruder Andrew [= Anne van der Bijl]: *Bloß nicht nach Ninive! Impulse vom „Schmuggler Gottes".* Brunnen, Gießen 2010.

Bruners, Wilhelm: „Jona – ein humorloser Prophet". In: *Bibel heute*, 4. Quartal 2008, S. 10–12.

Cohn, Gabriël H.: *Das Buch Jona im Lichte der biblischen Erzählkunst* (Dissertation Universität Amsterdam). Van Gorcum & Comp., Assen 1969.

Deissler, Alfons: *Zwölf Propheten II: Obadja, Jona, Micha, Nahum, Habakuk.* Echter Verlag, Würzburg 1984.

Dietzfelbinger, Hermann: *Jona – Ein Knecht Gottes. Eine Bibelarbeit zum 12. Deutschen Evangelischen Kirchentag 1965 in Köln.* Claudius Verlag, München o.J.

Döhling, Jan-Dirk: *Der bewegliche Gott. Eine Untersuchung des Motivs der Reue Gottes in der Hebräischen Bibel.* Herder, Freiburg 2009.

Dohmen, Christoph: „Wofür steht Jona als Zeichen? Jona als Verstehenshilfe für die Botschaft Jesu". In: *Bibel und Kirche* 66 (2011), 1. Quartal, S. 36–39.

Drewermann, Eugen: *Und der Fisch spie Jona an Land. Das Buch Jona tiefenpsychologisch gedeutet.* Patmos, Düsseldorf und Zürich [2]2003.

Ebach, Jürgen: *Kassandra und Jona. Gegen die Macht des Schicksals.* Athenäum, Frankfurt am Main 1987.

Egelkraut, Helmuth: *Das Alte Testament. Entstehung – Geschichte – Botschaft.* Brunnen Verlag, Gießen ⁵2012.

Enzensberger, Hans Magnus: *Die große Wanderung. 33 Markierungen.* Suhrkamp, Frankfurt am Main 1994.

Fereday, W. W.: *Das Buch Jona.* Ernst-Paulus-Verlag, Neustadt/Weinstraße 1996.

Fischer, Klaus / Franke, Harry: *Überraschungen mit Gott. Der Prophet Jona und das ‚Zeichen des Jona‘ (Luk. 11,29–32). 35. Bibelwoche 1972/73.* Evangelische Haupt-Bibelanstalt, Altenburg o.J.

Frieling, Simone (Hrsg.): *Der rebellische Prophet. Jona in der modernen Literatur.* Vandenhoeck & Ruprecht, Göttingen 1999.

Funcke, Otto: *Die Schule des Lebens oder: Christliche Lebensbilder im Lichte des Buches Jona.* Stephan Seibel Verlagsbuchhandlung, Altenburg o.J.

Gerhards, Meik: „Zum motivgeschichtlichen Hintergrund der Verschlingung des Jona", in: *ThZ* 59 (2003a), S. 222–247.

– „Ninive im Jonabuch". In: Johannes F. Diehl / Reinhard Heitzenröder / Markus Witte: *„Einen Altar von Erde mache mir …".* Festschrift für Diethelm Conrad zu seinem 70. Geburtstag. Hartmut Spenner, Waltrop 2003b, S. 57–75.

– *Studien zum Jonabuch* (Biblisch-Theologische Studien 78). Neukirchener Verlag, Neukirchen-Vluyn 2006.

Gese, Hartmut: „Jona ben Amittai und das Jonabuch". In: *Theologische Beiträge* 16 (1985), S. 256–272

Gillmayr-Bucher, Susanne: „Fremde Welten im Buch Jona". In: Severin J. Lederhilger (Hrsg.): *Auch Gott ist ein Fremder. Fremdsein – Toleranz – Solidarität* (Linzer Philosophisch-Theologische Beiträge, Band 24). Peter Lang, Frankfurt 2012, S. 39–52.

Glatz, Winfried: *Der Jonaskomplex oder die Flucht vor der Berufung* (Jona 1), Predigt vom 22. Oktober 2006; Untersee nach Ninive (Jona 2,1.11; 3) vom 29. Oktober 2006 und *Bei Verdruss hilft Rizinus* (Jona 4) vom 5. November 2006. Predigtmanuskripte unter https://www.hof-kirche.de/gottesdienst/predigten/. Letzter Abruf 18. Oktober 2021.

Goldberg, Arnold M.: *Das Buch Jonas.* Seelsorge-Verlag, Freiburg ²1961.

Golka, Friedemann W.: „Jona/Jonabuch", in: *RGG⁴*, 2001, Sp. 567–569.

– *Jona.* Calwer Verlag, Stuttgart ²2007.

Haller, Eduard: *Die Erzählung von dem Propheten Jona.* Schriftenmissions-Verlag, Gladbeck/Westf. ²1965.

Heinrich, Klaus: *Parmenides und Jona. Vier Studien über das Verhältnis von Philosophie und Mythologie.* Suhrkamp, Frankfurt 1966.

Hertzsch, Klaus-Peter: *Der ganze Fisch war voll Gesang. Biblische Balladen zum Vorlesen.* Radius-Verlag, Stuttgart ⁵1973.

Höffken, Peter: „Das Ende des Jonabuches. Eine Anmerkung zu Jona 4,11." In: ders.: *„Fürchte dich nicht, denn ich bin mit dir!" (Jesaja 41,10). Gesammelte Aufsätze zu Grundtexten des Alten Testamentes.* LIT, Münster 2005, S. 209–216.

Jepsen, Alfred: „Anmerkungen zum Buche Jona". In: Hans Joachim Stoebe (Hrsg): *Wort – Gebot – Glaube. Beiträge zur Theologie des Alten Testaments.* Festschrift Walter Eichrodt (AThANT 59). Zwingli, Zürich 1971, S. 297–305.

Jeremias, Jörg: *Die Reue Gottes. Aspekte alttestamentlicher Gottesvorstellung.* Neukirchener Verlag, Neukirchen-Vluyn 1975.

– „Das Jonabuch in der Forschung seit Hans Walter Wolff". In: H. W. Wolff: *Studien zum Jonabuch.* Neukirchener Verlag, Neukirchen-Vluyn ³2003, S. 93–140.

– *Die Propheten Joel, Obadja, Jona, Micha* (ATD 24,3). Vandenhoeck & Ruprecht, Göttingen 2007.

– „Der Psalm des Jona (Jona 2,3–10)". In: Michaela Bauks / Kathrin Liess / Peter Riede (Hrsg.): *Was ist der Mensch, dass du seiner gedenkst? (Psalm 8,5). Aspekte einer theologischen Anthropologie* (Festschrift Bernd Janowski). Neukirchener Verlag, Neukirchen-Vluyn 2008, S. 203–214.

Kaiser, Otto: „Wirklichkeit, Möglichkeit und Vorurteil. Ein Beitrag zum Verständnis des Buches Jona." In: *Evangelische Theologie* 33 (1973), S. 91–103.

Keddie, Gordon J.: *„Ohne mich!" Jona – Auf der Flucht vor Gott.* 3L-Verlag, Friedberg 2000.

Keil, Carl Friedrich: *Biblischer Commentar über die zwölf kleinen Propheten* (BCAT). Dörffling und Franke, Leipzig ³1888.

Keller, Timothy: *Rediscovering Jonah. The Secret of God's Mercy.* Penguin Books, New York 2020.

Koenen, Klaus: „Biblisch-theologische Überlegungen zum Jonabuch", in *ZNT 6* (2000), S. 31–39.

Krieg, Matthias: Jona. In: Matthias Krieg / Konrad Schmid (Hrsg.): *Erklärt – Der Kommentar zur Zürcher Bibel.* Theologischer Verlag, Zürich 2010, S. 1862–1859.

Krumme, Paul: *Jona – Flucht vor Gott.* Christliche Verlagsgesellschaft, Dillenburg 1990.

Lacocque, André / Lacocque, Pierre-Emmanuel: *The Jonah complex.* John Knox Press, Atlanta 1981.

– *Jonah – A Psycho-Religious Approach to the Prophet.* University of South Carolina Press, Columbia 1990.

Lamparter, Helmut: *Unter Gottes gewaltiger Hand. Reden über das Buch Jona.* Ernst Franz Verlag, Metzingen 1975.

Lange, Ernst: *Die verbesserliche Welt. Möglichkeiten christlicher Rede erprobt an der Geschichte vom Propheten Jona.* Kreuz Verlag, Stuttgart 1968.

Langer, Heidemarie / Leistner, Herta / Moltmann-Wendel, Elisabeth / Schönherr, Annemarie: *Wir Frauen in Ninive – Gespräche mit Jona.* Kreuz Verlag, Stuttgart 1984.

Lohfink, Norbert: „Jona ging zur Stadt hinaus (Jon 4,5)". In: *BZ.* Neue Folge, Juli 1961, S. 185–203.

Luther, Martin: *Die Auslegungen von Jona und Habakuk.* Herausgegeben von Gerhard Krause. Insel, Frankfurt am Main 1983.

Lutzer, Erwin W.: *Unvollkommene Heilige.* CLV, Bielefeld 1999.

Lux, Rüdiger: *Jona, Prophet zwischen ‚Verweigerung' und Gehorsam': eine erzählanalytische Studie* (FRLANT 162). Vandenhoeck & Ruprecht, Göttingen 1994.

– „Jona – eine unendliche Geschichte". In: Frieling, Simone (Hrsg.): *Der rebellische Prophet. Jona in der modernen Literatur.* Vandenhoeck & Ruprecht, Göttingen 1999, S. 119–128.

– „Umkehr und Rettung im Jonabuch". In: *Bibel heute,* 4. Quartal 2008, S. 17–18.

MacDonald, William: *Kommentar zum Alten Testament.* CLV, Bielefeld 2005.

Maier, Gerhard: *Der Prophet Jona* (Wuppertaler Studienbibel). R. Brockhaus Verlag, Wuppertal 1976.

Marti, Kurt: *Zärtlichkeit und Schmerz. Notizen.* Luchterhand, Darmstadt/ Neuwied ²1979.

Miskotte, Kornelis Heiko: *Wenn die Götter schweigen. Vom Sinn des Alten Testaments.* Chr. Kaiser Verlag, München ³1966.

Möllerfeld, Johannes: „,Du bist ein gnädiger und barmherziger Gott' (Jonas 4,2)". In: *Geist und Leben* 33 (1960), Heft 5, S. 324–333.

Mohn, Henrik: *Ein Sturm, ein Fisch, ein Wurm – und du …* Verlag Eberhard Platte, Wuppertal 2020.

Mosis, Rudolf: *Welterfahrung und Gottesglaube. Drei Erzählungen aus dem Alten Testament.* Echter-Verlag, Würzburg 2004.

Müllner, Ilse: „Fraglos eine Frage? Zum Schluss des Jonabuchs". In: Kerstin Schiffner / Steffen Leibold / Magdalene L. Frettlöh / Jan-Dirk Döhling / Ulrike Beil (Hrsg.): *Fragen wider die Antworten.* Gütersloher Verlagshaus, Gütersloh 2010, S. 286–304.

Opgen-Rhein, Hermann J.: *Jonapsalm und Jonabuch. Sprachgestalt, Entstehungsgeschichte und Kontextbedeutung von Jona 2* (SBB 38). Katholisches Bibelwerk, Stuttgart 1997.

Panzer, Ernst: *Jona. Ein Mensch in Gottes gewaltigen Händen.* Philadelphia-Verlag, Battenberg ²1979.

Peterson, Eugene: *Der verlorene Hirte. Wie Gott geistliche Leiter aus der Wüste führt.* R. Brockhaus, Wuppertal 2000.

Pfendsack, Werner: *Der lachende Fisch. Fünf Predigten über das Büchlein des Propheten Jona.* Friedrich Reinhardt, Basel o.J. (1964?).

Posth, Walter: *Es geschah des Herrn Wort. Eine Auslegung des Propheten Jona für unsere Tage.* Emil Müller, Evangelischer Verlag, Wuppertal-Barmen [1946].

Rabenau, Konrad von / Schröter, Ulrich / Schenk, Wolfgang: *Jona. Handreichung zur 35. Bibelwoche 1972/73.* Evangelische Haupt-Bibelgesellschaft, Berlin 1972.

Ratzinger, Joseph: *Jesus von Nazareth. Erster Teil: Von der Taufe im Jordan bis zur Verklärung.* Herder, Freiburg 2007.

Riebesehl, Klaus: *Der Gott Jonas und die Völker: Narratologische und intertextuelle Studien zur Hinwendung von Nichtisraeliten zum wahren Gott in Jona 1,4–16 und 3,3b–10 im Kontext des Jonabuches.* Masterarbeit an der University of South Africa, 2013. Online unter http://hdl.handle.net/10500/13898. Letzter Abruf 18. Oktober 2021.

Riede, Peter: „‚Besser ist mein Tod als mein Leben' (Jona 4,3.8). Tod und Leben nach dem Jonabuch." In: *Biblische Zeitschrift* 53 (2009), S. 238–262.

Rink, Sebastian: *Wenn Gott reklamiert. Das große Schreien der Kleinen Propheten.* Neukirchener Verlagsgesellschaft, Neukirchen-Vluyn 2021.

Robinson, D. W.: „Jona". In: Donald Guthrie / J. Alec Motyer (Hrsg.): *Kommentar zur Bibel.* R. Brockhaus, Wuppertal ⁷2008, S. 919–926.

Robinson, Theodore H. / Horst, Friedrich: *Die Zwölf Kleinen Propheten (Handbuch zum Alten Testament, Erste Reihe 14)*. J.C.B. Mohr (Paul Siebeck), Tübingen ³1964.

Ronner, Max: *Das Buch Jona*. Zwingli-Verlag, Zürich 1947.

Rudolph, Wilhelm: *Joel – Amos – Obadja – Jona* (KAT XIII/2). Evangelische Verlagsanstalt, Berlin 1974.

Ruf, Ambrosius Karl / Habdank, Walter: *Jona. Aus Hoffnung wächst Befreiung*. Herder, Freiburg 1983.

Schäfer, Paul Walter: *Und Gott redet. Jona heute*. Sonnenweg-Verlag, Neuffen 1970.

Schavan, Annette: „Gewissensspiegel", in: LThK³, Band 4, Sp. 631.

Schildenberger, Johannes: „Der Sinn des Buches Jona". In: *Erbe und Auftrag* 38 (1962), S. 93–102.

Schüle, Andreas: „„Meinst du, dass dir Zorn zusteht?' Der theologische Diskurs des Jonaschlusses (Jona 3,6–4,11)." In: *Theologische Literaturzeitung* 131 (2006), S. 675–688.

Schöpflin, Karin: „Notschrei, Dank und Disput. Beten im Jonabuch." In: *Biblica* 78 (1997), S. 389–404.

Schwarz, Andrea: *Propheten sind wir alle. Die Botschaft des Buches Jona*. Herder, Freiburg 2006.

Scoralick, Ruth: „Der Prophet Jona". In: Christoph Dohmen (Hrsg.): *Kommentierte Studienausgabe der Einheitsübersetzung* (Stuttgarter Altes Testament, Band 2). Katholisches Bibelwerk, Stuttgart ³2020, S. 2125 – 2129.

Sherwood, Yvonne: *A Biblical Text and its Afterlives – The Survival of Jonah in Western Culture*. Cambridge University Press, Cambridge 2000.

Silber, Ursula / Eltrop, Bettina / Wellmann, Bettina: *Was für ein Gott! Das Buch Jona lesen* (Das Lectio-Divina-Leseprojekt des Bibelwerks, Band 20). Katholisches Bibelwerk, Stuttgart 2018.

Simon, Uriel: *Jona. Ein jüdischer Kommentar* (Stuttgarter Bibelstudien 157). Katholisches Bibelwerk, Stuttgart 1994.

Steffen, Uwe: *Jona und der Fisch. Der Mythos von Tod und Wiedergeburt*. Kreuz-Verlag, Stuttgart 1982.

Stertenbrink, Rudolf: *Weisheit aus dem Bauch. Jeder erlebt Jonas Geschichte*. Herder, Freiburg 1992.

Struppe, Ursula: *Die Bücher Obadja, Jona*. Katholisches Bibelwerk, Stuttgart 1996.

Treasure, Geoff: *Der Mann, der Nein sagte*. R. Brockhaus Verlag, Wuppertal 1978.

Ungern-Sternberg, Rolf Freiherr von / Lamparter, Helmut: *Der Tag des Gerichtes Gottes. Die Propheten Habakuk, Zephanja, Jona, Nahum* (BAT 23/IV). Calwer Verlag, Stuttgart ²1975.

Vanoni, Gottfried: *Der Mann, der Taube hieß. Mit Kindern die Bibel lesen. Das Buch Jona.* Herder, Wien 1984.

Waechter, Meike: „Prophet auf der Flucht vor Gott. Der Prophet Jona". In: Consistorium der Französischen Kirche zu Berlin (Hugenottenkirche) (Hrsg.): *Predigtreihe – Die zwölf kleinen Propheten*. Französische Kirche zu Berlin, Berlin 2008, S. 26–31.

Weber, Beat: *Jona. Der widerspenstige Prophet und der gnädige Gott*. Evangelische Verlagsanstalt, Leipzig 2012.

– „Das Buch Jona. Aus dem großen Fisch in die große Stadt". In: Egbert Ballhorn / Georg Steins / Regina Wildgruber / Uta Zwingenberger: *73 Ouvertüren. Die Buchanfänge der Bibel und ihre Botschaft*. Gütersloher Verlagshaus, Gütersloh 2018, S. 394–401.

Weimar, Peter: „Glauben lernen an Jona. Ein Prophet im Widerstreit mit seinem Gott". In: Franz-Peter Tebartz-van Elst (Hrsg.): *Katechese im Umbruch. Positionen und Perspektiven* (Festschrift Dieter Emeis). Herder, Freiburg 1998, S. 83–93.

– *Eine Geschichte voller Überraschungen. Annäherungen an die Jonaerzählung*. Katholisches Bibelwerk, Stuttgart 2009.

– *Jona* (HThKAT). Herder, Freiburg 2017.

Weiser, Artur: *Das Buch der zwölf Kleinen Propheten I. Die Propheten: Hosea, Joel, Amos, Obadja, Jona, Micha* (ATD 24). Vandenhoeck & Ruprecht, Göttingen ⁵1967.

Werlen, Martin: *Zu spät. Eine Provokation für die Kirche. Hoffnung für alle.* Herder, Freiburg 2018.

Werner, Herbert: *Jona. Der Mann aus dem Ghetto* (Exempla Biblica II). Vandenhoeck & Ruprecht, Göttingen 1966.

Wick, Peter: *Jona. Ein Freundschaftsdrama zwischen Gott und seinem Propheten zugunsten der Menschen*. Luther-Verlag, Bielefeld 2015.

Wiersbe, Warren W.: *Sei erstaunt. Sich neu zur Bewunderung und Anbetung führen lassen. Ausgewählte kleine Propheten*. Christliche Verlagsgesellschaft, Dillenburg 2005.

Willis, G. Christopher: *Bei Gott ist Rettung. Erbauliche Betrachtungen über den Propheten Jona*. Verlag und Schriftenmission der Evangelischen Gesellschaft für Deutschland, Wuppertal 1978.

Wolff, Hans Walter: „Ist die Bibel Gotteswort oder Menschenwort? Darstellung des Problems an einer Auslegung des Jonabuchs". In: Wolff, Hans Walter / Moltmann, Jürgen / Bohren, Rudolf: *Die Bibel – Gotteswort oder Menschenwort? Dargestellt am Buch Jona und am Apostolat des Paulus nach 2. Korinther 4*. Neukirchener Verlag, Neukirchen 1959, S. 9–35.

– *Dodekapropheton 3. Obadja und Jona* (BKAT XIV/3). Neukirchener Verlag, Neukirchen-Vluyn 1977.

– *Studien zum Jonabuch. Mit einem Anhang von Jörg Jeremias: Das Jonabuch in der Forschung seit Hans Walter Wolff*. Neukirchener Verlag, Neukirchen-Vluyn ³2003.

Zahrnt, Heinz: *Glauben unter leerem Himmel. Ein Lebensbuch*. Piper, München 2000.

Zenger, Erich: „Was wir Christen von der jüdischen Schriftauslegung lernen können. Am Beispiel des Jonabuches." In: *BiKi* 51 (1996), S. 46–53.

Zur Nieden, Eckart: *Mein Ninive-Komplex. Das wieder entdeckte Tagebuch von Jona Ben Amitthai*. Brunnen, Gießen 2005.

# Zum Autor

Ulrich Müller, 1975 in Siegen geboren, war 2008 bis 2020 Ältester der Evangelisch-Freikirchlichen Gemeinde Gütersloh. Seit 2016 ist er Benediktineroblate der Abtei Königsmünster in Meschede. Er ist verheiratet und hat drei zum Teil schon erwachsene Kinder.

Er studierte an der Universität Bonn sowie an der Quadriga Hochschule Berlin. Im Hauptberuf ist er Leiter politische Analysen in einem gemeinnützigen Thinktank; er berät bundesweit Hochschulleitungen, Wissenschaftsministerien und Parlamente. Dem Hochschulrat der Freien Theologischen Hochschule Gießen und dem Hochschulrat der Theologischen Hochschule Ewersbach gehört er als stellvertretender Vorsitzender an.

Bisherige Veröffentlichungen: *50 Lessons Learned. Gemeinde leiten – aber wie?* (SCM Bundes Verlag, 2022), *Heimat finden – Impulse aus dem Buch Rut* (Neufeld Verlag, 2018) und *Sonntagsgedanken – Impulse aus den Psalmen* (Jota-Publikationen, 2015).

*www.ulrich-mueller.com*

# Dank

Ein großes „Dankeschön" geht an ...

- alle, die es im April und Mai 2020, während der Corona-Pandemie, als das „normale" Gemeindeleben lahmgelegt war, mit großem Engagement als Musiker, Moderatoren, Poetry Slammer, Grafiker sowie Ton-, Video- und Übertragungstechniker möglich gemacht haben, aus den Räumen der EFG Gütersloh eine Gottesdienstserie über das Buch Jona zu gestalten und live zu streamen: Phil Appelt, Tino Appelt, Johann Banmann, Joél Banmann, Jannik Buchenau, Merle Buchenau, Detlef Eifler, Johannes Epha, Johannes Fenner, Désirée Friesen, Ulrike Hochsprung, Andreas Hoffmann, Florian Kraemer, Sabrina Kügler, Amelie Lamberz, Stefan Latossek, Anna Lohrer, Reinhold Lübbers, Timo Meiseberg, Holger Mix, Stefanie Müller, Daniela Pohl, Alexander Reger, Christian Reich, Kathrin Seckelmann, Frederik Soeder, Nickolas Soeder, Jan-Hendrik Thies und Jonathan „Jones" Hellhammer.

- alle, die im Oktober und November 2020 mitgewirkt haben, in der EFG Melle vier Wochen in das Buch Jona einzutauchen, vor allem Axel Hesse, Gerhard Lund, Udo Nörenberg, Johannes Nörenberg, Reinhard & Ulla Nörenberg, Magdalene Opp mit Finn-Luca, Niklas Sukkau. Toll, dass ihr selbst dann pragmatisch reagiert habt, als ich quarantänebedingt einen Sonntag virtuell per Zoom „eingespielt" werden musste.

- alle, die im Februar und März 2021 in der EFG Detmold dazu beigetragen haben, dass wir gemeinsam – einmal online per Zoom und dreimal in Form reduzierter Präsenzgottesdienste – in die große Botschaft dieses Kleinen Propheten eintauchen konnten. Soweit für mich rekonstruierbar, waren folgende Personen beteiligt: Thomas Curuti, Adelheid Gerke, Hilmar Gerke, Gotthard Hinderer, Rüdiger Kentsch, Dirk Mantei, Manfred Nissen, Ingo Ostheide, Claudia Pätzold, Paul Schalk, Reinhold Scheffler, Hubert Schwartz und Ulrich Trapp.

- Michael Schneider (ich bewundere deine umfassende Kenntnis und deine Genauigkeit!) und meiner Tochter Charlotte Müller für sorgfältiges, kritisches Gegenlesen, wertvolle Hinweise und ermutigendes Feedback.

- Elmar Köster für Hilfestellungen im Hebräischen.

- meine Frau Steffi (noch einmal), die meine „Nebenbeschäftigung" des Predigens und Schreibens nicht nur duldet, sondern nach Kräften unterstützt.